말씨
말투
말매무새

말씨
말투
말매무새

한성우 지음

어디서
무엇이 되어
어떻게 말할까

월든박스

2022년 9월 전 국민이 '바이든'과 '날리면'을 구별하라는 듣기 시험을 보아야 했던 날 결심했다. '말씨, 말투, 말매무새'에 대한 책을 더는 미루면 안 되겠다고. 서울에서 나고 자라 대학을 졸업하고 검사로서 평생을 살다 정치인으로 변신한 이분이 던진 한 문장이 온나라에 커다란 파문을 일으켰다. 충청도 사람이라면, 배움이 부족하고 직업도 변변찮다고 스스로 느끼는 이라면, 일찍이 정치판에 뛰어든 노회한 정치인이라면, 카메라의 눈과 귀를 늘 의식해 온 방송인 출신이라면 그 상황에서 어떻게 말했을까? 아니 그 시점, 그 자리에서는 무엇이 되어 어떻게 말하는 것이 가장 좋았을까?

이 책은 '어디서 무엇이 되어 어떻게 말할까?'에 대한 답을 '말씨, 말투, 말짜임'에서 찾아 바람직한 '말매무새'를 모두가 함께 만들어 보자는 의도에서 썼다. '말씨'는 어디서 태어나 성장했는가에 따라 결정되는 말의 씨줄이고 '말투'는 무엇이 되어 살아가느냐에 형성되는 말의 날줄이다. 이 씨줄과 날줄을 엮

4

어 무엇을 말할까에 대한 고민은 '말짜임'이 되고 궁극적으로 이 모든 것을 조화시켜 어떻게 말할까에 해당하는 '말매무새'로 세상에 드러난다. 어디서 무엇이 되어 어떻게 말할까에 대한 말매무새는 언제 어디서든 누구에게나 필요한 것이기도 하다.

이 책의 최종 목적은 말매무새이지만 이는 당위, 의무, 강요로 들이미는 것이 아니라 우리 모두가 듣고, 느끼고, 찾아 자연스럽게 갖추어 나가자고 제안하는 것이다. 말씨는 흔히 사투리라고 말하는 지역 방언이고 말투는 연령, 성별, 계층 등에 따라 다른 사회 방언이다. 지역 방언에 귀를 기울이고 사회 방언에 마음을 열면 말을 어떻게 짜고 말의 매무새를 어떻게 갖추어야 할 것인가가 눈에 보인다. 지역 방언은 '이 땅의 모든 말'이고 사회 방언의 주인은 '이 땅의 모든 사람'이니 결국 이 땅에서 말의 주인들이 말매무새를 함께 찾아 나가는 여정을 시작하고자 하는 것이 이 책의 목적이다.

이 책은 저자의 첫 책인 『방언정담』에서 '에거이'로 등장하는 멋진 선배, 그러나 너무도 허무하게 세상을 등진 김외곤 교수를 기리는 자리에서 첫걸음을 떼게 되었다. 대학원에서 함께 공부한 강명효 편집자가 아는 것이 방언뿐이지만 그것을 어떻게든 엮어 말의 주인인 이 땅의 모든 사람과 소통하고자 하는 저자에게 이 책을 시작해 끝맺을 수 있도록 어르기도 하고 채

찍질도 해 주었다. 몇 번이나 원고를 뒤집으며 좌절하는 저자에게 원더박스 김희중 편집자는 홍어와 탁주로 달래며 원고의 마지막 문장 마침표까지 찍을 수 있게 도와주었다.

이 책을 쓰면서 처음부터 마지막까지 감사해야 할 이들은 역시 이 땅의 모든 말을 쓰는 말의 주인들이다. 젖을 물려 가며 말을 가르쳐 주신 어머니와 아버지, 함께 커나가면서 말문을 틔워 주고 말수를 늘려 준 형제와 친구들이다. 초등학교부터 대학원 시절까지 말과 말에 대한 연구를 가르쳐 주신 모든 선생님, 그리고 책과 논문으로 끊임없는 가르침을 주는 선후배 동학들이다. 그리고 방언 조사 과정에서 만나 뵌 어르신들, 지하철에서 조잘대는 '중고딩들', 뻣뻣한 머리를 자르면서도 한없이 부드러운 말투를 들려 주는 '헤어디자이너 쌤'들이다. 물론 말로 먹고사는 '언어운사(言語運士)'나 막말로 자신의 존재를 과시하는 '정치꾼'들 또한 큰 도움을 주었다.

말과 글에 대한 책을 쓰고 강연을 할 때마다 '그러는 너는?'이란 질문이 어디선가 날아온다. 점쟁이가 자신의 삶을 내다보지 못하듯이, 처세술의 저자가 처신을 잘못해 손가락질을 받듯이 자칭 국어 선생도 말과 글에 대해 모든 것을 알아 잘하고 쓰지는 못한다. 그래서 이 책은 '내가 옳으니 이렇게 해'라고 강요하는 책이 아니라 귀와 마음을 열 때 들어오는 멋지고 아름다운 말을 서로 모아 말매무새를 만들어 보자는 책이다. 이 땅의 모든 말의 주인이 그 일을 함께 하기를 바란다.

2024년 5월
충청도에서 나고 서울에서 성장해 인천에서 50대 후반의
국어 선생으로 사는
한성우 씀

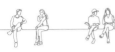

말이 곧 사람

눈을 뜨면 사람의 모습이 보이고 귀를 열면 그 사람의 말이 들린다. 얼핏 보이는 모습으로 성별과 나이를 가늠하고 찬찬히 뜯어본 모습으로 어떤 사람일까, 무엇을 하는 사람일까를 헤아려 본다. 귀를 열면 사람의 말이 들린다. 언뜻 들리는 목소리로 역시 성별과 나이를 가늠하고 그 말을 곰곰이 새겨들으며 어디서 온 사람일까, 무엇을 하는 사람일까를 헤아려 본다. 이렇게 눈과 귀로 파악한 것이 사람에 대한 많은 것을 보여 주고, 그것이 절대적으로 옳은 것은 아닐지라도 사람에 대한 판단의 많은 부분을 차지한다.

태어나 보니 이 땅이고 주위를 둘러보니 부모가 있다. 머리와 피부의 색, 몸집과 몸매는 이 땅의 많은 사람들과 비슷하다. 눈, 코, 귀, 입을 자세히 들여다보고 키, 몸무게, 체형 등을 꼼꼼히 살펴보니 부모의 모습이 보인다. 자라면서 키가 크고 몸무게가 늘기는 하지만 바탕은 여전히 유지된다. 운동으로 몸을 단련시킬 수도 있고 예쁘게 꾸밀 수도 있지만 근본적으로 달라지지는 않는다. 사람은 이렇게 태어날 때의 모습을 바탕으로 평생을 산다.

태어나 보니 들려오는 말이 있고 자라다 보니 배

우는 말이 있다. 들려오는 말로 말을 조금씩 깨우치기 시작하고 부모가 가르쳐 주는 말을 통해 온전한 말로 발전시켜 나간다. 말은 많은 것이 이미 이렇게 결정되어 있었고, 또 이른 시기에 결정된다. 그러나 말은 성장하면서 변화를 겪게 된다. 성별에 따라 말이 달라지고, 배우는 과정에 따라 말이 달라진다. 직업, 직위, 종교에 따라서도 말이 달라진다. 심지어 같은 날 어디에 어떤 자격으로 있느냐에 따라, 혹은 마주 대하는 상대가 누구냐에 따라 말이 달라진다. 사람의 말은 이렇게 시시각각으로 변한다.

우리의 말은 씨줄과 날줄로 엮여 있다. 말의 씨줄은 곧 '말씨'이다. '어디서' 태어나고 성장했는가에 따라 말의 씨줄, 곧 말씨가 결정된다. 부모와 형제자매, 그리고 주변의 사람들이 비슷한 말을 쓰니 자연스럽게 그 말을 배우면서 말씨가 형성된다. 그것을 지역 방언이라 부르든, 사투리라 부르든 자연스러운 환경에서는 누구나 그 땅의 말을 배운다. 그래서 부산 사람은 부산 말씨를 쓰고 광주 사람은 광주 말씨를 쓴다. 심지어 서울 사람들도 표준어와는 조금 다른 서울 말씨를 쓴다. 태어난 땅에서 싹튼 말의 씨앗은 튼튼한 씨줄이 되어 평생 유지된다.

말의 날줄은 곧 '말투'이다. '무엇이 되어' 살아가느냐에 따라 말의 날줄, 곧 말투가 결정된다. 어린 시절에는 어린아이의 말투로, 노년기에는 노인의 말투로 말을 한다. 성별의 차이를 인식하게 되면서 각각의 성에 따라 말을 익히게 된다. 배움의 단계를 밟아 가면서 표준어를 접하게 되고 직업을 선택하고 나서는 그 직업에 맞는 말을 쓰게 된다. 지위에 따라 적절한 말이 결정되며 종교를 가지면 써야 할 말과 쓰지 말아야 할 말이 생긴다. 이렇듯 사람이 살아가며 갖게 되는 사회적 변수에 따라 결정되는 말투는 변화무쌍한 날줄이 되어 씨줄과 엮인다.

씨줄과 날줄은 서로 엮여 '무엇을' 말할까에 해당하는 '말짜임'을 이룬다. 저마다 태어나고 자라면서 배운 말 그리고 주어진 역할에 따라 익힌 말을 엮어, 말할 상대를 부르고 그 상대와의 관계에 따라 높이고 낮추며 함께 놓인 상황에 맞게 태도와 내용을 결정한다. 씨줄만을 가진 사람, 혹은 날줄만을 가진 사람은 없다. 어디서 태어나 무엇으로 살아가느냐에 따라 말짜임이 결정된다. 말짜임은 말하는 이의 능력과 판단에 따라 달라진다. 누군가는 씨줄과 날줄의 질감과 색감이 두드러지게 차려 내고, 누군가는 씨줄과 날줄 모두의 온도를 차분하게 낮춰 차려 낸다. 사람이 열이면 말짜임도 열이고 말짜임이 곧 사람의 말이다.

말의 씨줄과 날줄은 궁극적으로 '어떻게' 말할까에 해당하는 '말매무새'로 세상에 드러난다. 씨줄과 날줄로 엮인 옷감은 옷을 짓기 위한 것이니 멋진 옷으로 탈바꿈해야 한다. 옷은 입기 위한 것이고 이왕 입을 것이면 맵시가 나게 입어야 한다. 말의 짜임 또한 상황에 맞는 말로 드러나야 하니 옷매무새를 바르게 하듯 말매무새도 바루어야 한다. 말씨와 말투의 짜임이 상황에 맞는 옷이 되어 단정한 매무새로 선보여야 한다. 말본새, 말버릇 등 무엇으로 불리든 말하는 이와 듣는 이 모두가 편안하고도 행복한 말이 있으니 결국 말매무새가 제대로 다듬어진 말이 진정으로 바른 말이다.

어디서 무엇이 되어 어떻게 말할까? 이 책에서 차분하지만 집요하게 파고들고자 하는 것은 바로 이것이다. '어디서'에 해당하는 말씨, '무엇이 되어'에 해당하는 말투는 당위가 아니라 현실이다. 한국어를 이루는 지역 방언을 차근차근 살펴 이 땅의 어디에서 어떤 말씨가 쓰이고 있는가를 알아본다. 한국어를 쓰는 각계각층 사람들의 말을 살펴 사람들이 '무엇이 되어' 사는지에 따라 어떤 말투가 드러나고 있는가를 알아본다. 그리고 말씨와 말투에서 정수를 뽑아 '무엇을'과 '어떻게'에 해당하는 말짜임과 말매무새를 제안해 본다. 말씨와 말투는 있는 그대로 밝히니 현실이며, 말짜임과 말매무새는 강요가 아닌 가능성의 모색이자 제안이다.

'이 땅의 모든 말'은 각 지역의 방언을 가리키기도 하지만 이것을 모두 망라하면 그것이 곧 '한국어'가 된다. 표준어 또는 서울 말, 혹은 어디엔가 있다고 믿고 싶은 바르고 아름다운 말이 한국어가 아니라 이 땅의 모든 말이 한국어이다. 따라서 바다와 만나는 남쪽 땅끝에서 대륙과 만나는 북쪽 땅끝의 말, 그리고 이 땅을 떠나 사는 한국인의 말까지 모두 망라해 살펴보면 비로소 한국어, 또는 우리말의 실체가 드러난다. 이러한 이 땅의 모든 말에서 말짜임과 말매무새를 정하는 데 도움이 될 만한 요소를 찾아본다.

이 땅의 모든 말은 아름답다. 표준과 비표준, 도시와 시골, 중앙과 지방 사이의 편견을 걷어 내고 말을 살펴보면 그러하다. 이 땅 각지에서 쓰이고 있는 말은 공간의 분화에 따라 자연스럽게 형성된 것이기도 하고 시간의 흐름이 투영돼 서로 다른 모습으로 남아 있는 것이기도 하다. 잘못된 정보와 선입견을 씻어 내고 이 땅의 모든 말을 있는 그대로 바라보면 비로소 그 말의 참된 아름다움이 보인다. 그리고 이 땅의 모든 말에서 찾은 아름다움은 말짜임과 말매무새를 살피기 위한, 혹은 다듬기 위한 재료가 된다.

말의 주인이 쓰는 모든 말은 소중하다. 말의 주인은 한국어를 쓰는 남녀노소, 각계각층의 모든 사람들이며 각각의 말은 그렇게 쓰이는 이유가 있다. 세대, 성별, 직업, 지위 등에 따라 말이 다르지만 그것은 옳고 그름으로 판단할 문제가 아니라 현실 그 자체이다. 서로 대립하는 다른 무리에서 상대의 말을 바라보면 불만스러울지 모르지만 그렇게 양립하는 두 말이 모두 합쳐져야 비로소 하나의 말이 되니 버릴 것은 없다. 그 무리들 간의 갈등과 화합 속에 말들이 변해 가며 자리를 잡으니 오히려 다름이 곧 축복이다. 다름에 대한 오해와 증오를 벗겨 내면 말의 주인들이 저마다 쓰는 말의 소중함이 보이고 이것 또한 말짜임과 말매무새를 살피기 위한, 혹은 다듬기 위한 재료가 된다.

이 땅의 모든 말, 그리고 말의 주인이 쓰는 말을 잘 들여다보면 말로 멋들어지게 차려 낼 것들이 보인다. 말할 때 상대를 어떻게 불러 어떻게 대우할 것인가가 말짜임의 첫 번째 요소가 된다. 이들이 맺는 관계에 맞춰 서로가 공유하고 있는 상황에 어울리게 서로의 마음가짐은 어떻게 할지, 그리고 주고받는 말의 내용을 어떻게 할지 결정해야 한다. 같은 재료로도 다른 옷감을 직조할 수 있듯이 말씨와 말투를 재료로 서로 다른 말을 엮어 낼 수 있다. 입에서 거침없이 술술 나와 귀로 거슬림 없이 솔솔 들어갈 수 있는 말짜임은 말의 재료를 명확히 알아야 비로소 가능하다.

이 땅의 모든 말, 그리고 말의 주인이 쓰는 모든 말이 시도 때도 잘 맞게 쓰이면 비로소 말매무새가 잘 갖춰진 품격 있는 말이 된다. 규범에 있는 말을 쓰면 바른말인가? 저명한 학자나 덕망 높은 이가 이렇게 말해야 한다고 써 놓은 언어 예절대로 말하면 품격 있는 말이 되는가? 그렇게 믿고 싶고 그것이 통하는 현실이지만 그 또한 이 땅의 모든 말, 그리고 말의 주인이 쓰는 말에 바탕을 둔 것이다. 그리고 안타깝지만 시대에 두세 발 뒤처져 있는 것이 많고 당위적으로 요구되는 경우가 많다. 이렇게 강요된 말이 아닌 말의 주인들 스스로가 만들어 낼 수 있는 말매무새가 필요하다. 그렇게 말의 주인들이 스스로 찾아내고 동의할 수 있는 말이어야 자유롭게 쓰일 것이며, 그런 말이 품격 있는 말로 다듬어져야 한다.

이 책의 실마리를 풀어 가는 맨 앞부분에서는 말 자체에 대해서 깊이 있게 생각해 본다. 말이 곧 사람이니 그 사람의 바탕을 이루는 말씨와 말투가 무엇인가 밝혀 본다. 이 땅의 모든 말인 말씨에서 아름다운 요소를 찾아 말짜임과 말매무새의 좋은 재료로 삼을 가능성을 찾아 본다. 말의 주인 모두의 말인 말투 역시 말짜임과 말매무새의 중요한 재료가 될 수 있다. 말씨와 말투에서 확인할 수 있는 말의 본질과 그것이 드러나는 현실을 이해할 수 있도록 하는 것이 이 책 맨 앞부분의 목적이다. 이에 대한 이해는 다음에 이어질 말짜임의 요소와 말매무새의 구체적 사용의 바탕이 된다.

그다음으로 말, 더 구체적으로는 말매무새를 이루는 구체적인 요소인 말짜임에 대해서 살펴본다. 대화는 상대를 부름으로써 시작되니 상대를 부르는 말인 호칭과 언급할 대상을 가리키는 말인 지칭을 먼저 볼 것이다. 한국어에서는 대화 상대와의 관계에 따라서 높임과 낮춤이 달라지니 이것이 어떻게 결정되고 이루어지는지도 살핀다. 그리고 서로의 관계와 함께 놓여 있는 상황에 따라 상대에 대한 태도와 나누어야 할 말의 구체적인 내용이 어떻게 달라지는가를 살펴본다. 이렇게 다양한 조건에서의 말씨와 말투가 궁극적으로 말짜임의 재료와 바탕이 될 것이다.

이 책의 뒷부분에서는 이 땅의 모든 말에서 찾아낸 아름다운 말과, 말의 주인들의 말에서 발견한 소중한 말을 버무려 말매무새를 제안해 본다. 규범과 어법에서 제시된 말본, 그리고 근엄한 학자나 어르신들이 제시한 말본새는 경청해야 할 필요가 있다. 그러나 이렇게 강요된 것이 아닌, 말의 주인들 스스로 만들어 갈 수 있는 품격 있는 말을 말매무새로 정의하고 그것들을 다양한 맥락과 상황에 따라 구성해 본다. 가정에서는 이렇게 말하는 것이 좋을까? 아는 사람, 혹은 낯선 사람을 만났을 때는 어떻게 말하는 것이 좋을까? 방송에서는, 대중을 상대할 때는, 그리고 가상공간에서는 어떻게 말하는 것이 좋을까? 이에 대해 말의 주인들 스스로 찾는 말매무새는 자유롭고 품격 있는 말로 나아가기 위한 해답이 될 것이다.

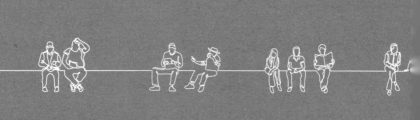

1

말씨
―
이 땅의 모든 말

서울 강원부터 경상도 충청도부터 전라도

난 서울에서 나서 서울 말 잘 배웠다

여긴 표준인 만큼 정직해

경상도 사투리는 남자라면 쓰고 싶게 만들어

전라도 말들은 너무나 친근해

살짝 오글거리지만 전부 다 잘났어

말 다 통하잖아? 문산부터 마라도

ㅡ 방탄소년단, 〈팔도강산〉

새천년의 가장 멋진 소년들은 노래 〈팔도강산〉에서 이렇게 읊고 있다. 제목만 보면 1967년에 개봉한 추억 속의 영화를 떠올리게 하지만 21세기를 멋지게 장식하고 있는 젊은이들의 노래이다. 그들의 귀에 들린 팔도강산의 사투리는 남자답고 친근하다. '억시다'는 느낌을 주기도 하는 경상도 사투리를 연달아 펼쳐 놓으면서 구수함과 정겨움을 전하려 애쓰고 있다. 비빔밥,

홍어, 무등산 수박 등을 끌어들여 '씨부리'면서 그 말들이 얼마나 친근한지 알려 주고 있다.

다른 지역으로 여행을 다녀 본 사람, 다른 지역의 사람과 말을 나눠 본 사람들은 지역마다 말의 차이가 있음을 안다. 그리고 학교나 방송을 통해 표준어를 배우니 자기 지역의 말이 표준어와 다르다는 것도 인식한다. 사투리, 방언, 지역어 등 그것을 무엇이라고 부르든 이 땅의 모든 말은 지역마다 차이가 난다. '사투리'는 표준어와 대비되는 말로서 표준어가 아닌 말을 가리키고, '방언'과 '지역어'는 지역에 따라 분화되는 말을 비교적 객관적으로 가리킨다. 그것의 이름과 함의는 조금씩 다르지만 모두 지역에 따른 말의 분화가 있음을 가리킨다.

그런데 지역에 따라 서로 다른 말에 대한 시각은 그리 곱지 않다. 같은 말이라도 공간에 따라 분화되는 것은 너무도 당연한 이치이니 지역마다 말이 다른 것은 객관적인 사실이다. 그러나 '다름'에 대한 시각과 태도는 그리 우호적인 것만은 아니다. 표준어와 대비되는 사투리는 비표준으로 치부되고, 학교와 방송을 통해 표준어를 배우게 되면서 사투리는 '못 배운 사람의 말'로 여겨지기도 한다. 다른 것에 대한 불편함은 '차이'를 넘어 '차별'로 이어지기도 하고 혐오와 폄훼를 동반하기도 한다.

그러나 이 소년들은 다른 방식으로 접근한다. 팔도의 말이 제각기 다르다는 사실을 먼저 밝히며 뒤이어 각 지역의 말을 거침없이 쏟아 내면서 남자답고, 친근하고, 정겹다고 말하고 있다. 물론 '경상도 사투리는 남자답다'라고 말하는 것을 경상도 말의 특징에 대한 언급이 아니라 다른 지역의 말은 남자답지 않다고 진술하는 말로 받아들여서는 안 된다. 말하기에는 살짝 오글거릴 수 있지만 모든 지역의 말이 '전부 다 잘났어'라고 인정하는 바탕 위에서 각 지역 말의 특징을 꼽는 것이기 때문이다.

　더 놀라운 것은 '말 다 통하잖아?'라는 선언이다. 지역에 따른 말의 차이가 있지만 먼 지역의 낯선 말이더라도 귀를 쫑긋 세우고 마음을 열면 다 통한다. 알아듣지 못하는 단어와 표현은 있지만 외국어를 대할 때처럼 무슨 말인지 도저히 알 수 없는 답답한 상황은 없다. 육지의 말과는 많이 다른 제주도의 말마저 생판 다른 말이 아닌 데다 제주도 사람 대부분은 외부 사람들과 표준어로 소통하려고 노력하니 의사소통이 안 될 정도는 아니다. 그래서 이 소년들은 '이 땅의 모든 말은 다 통한다'라고 선언한다.

　이들에게서 이 땅의 모든 말을 대하는 태도를 배울 만하다. 정말 다른 것은 다르다고 말하지 않는다. 그러나 같다고 여겼던, 혹은 같아야 한다고 우기는 대상에 대해서는 끊임없이 다름을 말한다. 각 지역의 말이 대부분 같지만, 지역마다 조금씩 다르기 때문에 끊임없이 다름을 언급하는 것이다. 이 소년들은 말은 다 통하니 다르다고 불평하지 않고, 조금씩 다른 말 속에서 느낄 수 있는 매력이 무엇인지 찾아보려 노력하고 있다. 다름을 인정하고, 그것을 차별하거나 혐오하지 않으면 그 말이 있는 그대로 들리고 보인다. 이런 시각과 태도로 대하면 이 땅의 모든 말은 아름답다.

이 땅의 모든 말을 들여다보는 방법에는 여러 가지가 있다. 방언 연구자들은 음운, 형태, 통사, 어휘 등으로 나누어 꼼꼼하게 살피는데 너무 전문적인 것을 제외하면 참고할 만한 것이 꽤 있다. 각 지역 출신 사람들이 모아 놓거나 설명해 놓은 자료들은 사용자들이 자신이 알고 있는 모든 것에 애정을 담아 만든 것이니 많은 도움이 된다. 다른 지역 사람들이 다른 지역의 말에 대해 받는 인상과 그에 대한 표현은 전문적인 것은 아닐지라도 각 지역 말의 정체성을 밝히는 좋은 지표가 된다.

이상의 자료들을 종합하면 이 땅의 각 지역에서 쓰이는 말의 대략적인 얼개와 중요한 특징을 파악할 수 있다. 각 지역에서 쓰이고 있는 말소리, 단어, 문장의 특징이 어느 정도 파악되어 지역 간의 언어 차이를 밝힐 수 있으나 이에 대해서는 너무 어렵게 풀 필요는 없다. 어휘와 표현의 차이는 누구나 관찰할 수 있고 이해하기 쉬운 것이니 재미있는 서술이 가능하다. '서울의 깍쟁이 말, 충청도의 능구렁이 말, 경상도의 사나이 말'과 같이 압축해서 그 지역 말의 특징을 언급하면 성급한 일반화의 오류를 범할 위험은 있다. 그러나 그 특징을 잘 잡아 내면 '아하, 바로 그거야!' 하는 지점과 맞닿을 수 있으니 이런 특징들을 드러내는 것을 잘 모아 각 지역의 말을 정의하고 설명할 수 있는 방법도 찾아볼 것이다.

그런데 이 땅의 각 지역에서 쓰이는 말을 이처럼 이리저리 나누어서 서술하면, 차이가 강조되고 나아가 차별의 빌미를 제공할 위험도 있다. 말소리, 단어, 문장의 특징은 있는 그대로의 사실이지만 그마저도 편견과 비하의 먹잇감이 될 수 있다. 모음의 숫자가 적은 경상도의 말, 모든 것을 '거시기'로 뭉뚱그리는 전라도의 말 등은 얼마든지 삐딱한 시각으로 볼 수 있기 때문이다. '깍쟁이의 말, 의뭉스러운 말'이란 표현 또한 그 말을 쓰는 사람을 비하하는 것으로 보일 수 있다.

그러나 이 땅의 모든 말에 대한 서술은 기본적으로 '말 다 통하잖아'에서 시작한다. 서로 잘 통할 수 있는 말이지만 지역마다 조금씩 차이가 나는 것을 관심과 애정으로 바라보아 각 지역의 말을 더 잘 이해하는 것을 목적으로 한다. 차이를 알면 몰라서 생기는 오해와 불신을 막을 수 있다. 차이를 알고 인정함으로써 조금씩 다른 말을 더 잘 알고 더 잘 소통하는 것을 목적으로 한다. 그래야 이 땅의 모든 말로 서로가 더 잘 통하게 된다.

나아가 이 땅의 모든 말에서 발굴해 낸 말은 말매무새를 다

듣기 위한 재료이기도 하다. 깍쟁이의 말이 자신의 이익만을 추구하기 위한 것이 아니라 남에게 피해를 주지 않기 위한 것이라면, 의뭉스러운 말이 속내를 감추기 위한 것이 아니라 상대의 말을 끝까지 듣고 비밀을 감추기 위한 것이라면 바람직한 말매무새의 재료가 될 수 있다. 모음의 숫자가 적은 말은 다른 지역 사람들의 놀림감이 될 수도 있지만 그 말이 미래의 말을 미리 알려 주는 것이라면 이것 또한 좋은 재료이다. '거시기'로 모든 것을 뭉뚱그리는 표현마저도 이것저것 '지적질'하려는 태도를 극복할 수 있는 재료가 될 수 있다.

　누구나 일상에서 보고 듣는 것과는 다른 것을 기대하며 늘 설레는 마음으로 여행을 떠난다. 이 땅의 말을 만나는 여행은 이처럼 설레는 마음으로 떠나야 한다. 여행길에 마주친 낯선 것에 대해 불평하기보다는 호기심으로 다가간다. 조금씩은 다른 말에 대해서도 이렇게 착한 마음으로 다가가야 한다. '살짝 오글거리지만 전부 다 잘났어'라고 말할 수 있는 마음으로. 이 땅의 모든 말은 아름답다.

표준어 – 서울 사투리와 제주 표준어

● 서울과 표준어

가만히 앉아 내 말만 들으면 모든 것을 다 알 수 있을 것이란 듯 차분하게, 또렷하게, 상냥하게 말을 이어간다. 여자의 말투는 그지없이 나긋나긋하고 남자의 말투는 조금 간지럽게 느껴질 정도이다. 말의 오르내림은 심한 편이지만 격하게 느껴지지는 않는다. 다양한 어휘, 풍부한 표현을 구사하지만 잘난 체하는 것으로 여겨지지는 않는다. 자음이나 모음의 발음에서 딱히 특이하게 들리는 것이 없으며 나이가 든 세대는 길고 짧은 것으로 단어의 뜻을 구별하기도 하지만 그것이 절대적이지는 않다. 대대로 서울 도성 안에서 살아온 토박이들의 말씨는 이렇다.

그런데 과연 그러한가? 서울의 말씨는 이렇듯 좋은 점만 두루 갖추고 있는가? 이 땅의 모든 방언을 두루 살펴왔고 서울 토박이들을 여러 해 동안 조사해 본 바 이러한 느낌과 판단의 근거는 분명하다. 그러나 여기에는 어쩔 수 없이 '서울'이 갖는 이점이 개입되어 있을 수밖에 없다. '서울'은 도시의 이름이기도 하지만 한 나라의 수도를 가리키는 말이기도 하다. 한 나라의 수도는 정치, 경제, 사회, 문화의 중심지이니 서울에는 온갖 좋은 것이 다 모여 있다. 그러니 이러한 느낌의 근저에는 수도 서울에 대한 막연한 동경과 서울의 막강한 힘에 의한 경외가 깔려 있을 수도 있다.

서울의 말이 표준어의 바탕인 것도 이러한 느낌과 판단에 많은 영향을 미친다. '표준어'는 '교양 있는 사람들이 두루 쓰는 현대 서울 말'로 정의되고 있으니 서울 말 없이는 표준어도 없는 상황이 된다. 표준은 좋은 것이고 비표준은 나쁜 것으로 여겨지니 표준어의 바탕이 된 서울 말은 좋은 것이다. 여기에 '교양 있는'이 추가되니 서울 말은 은연중에 교양 있는 말이 된다. 본래 '교양 있는 서울 말'을 표준어로 정한 것이었는데 표준어와 서울 말의 관련성이 높으니 '서울 말은 교양 있는 말'이라는 앞뒤가 뒤바뀐 논리가 성립되기도 하는 것이다.

그래서 서울 사람들은 표준어를 쓴다고 믿는다. 이른바 '수도권'이라 불리는 서울 인근에 사는 사람들도 표준어를 쓴다고 말한다. 서울에서 남쪽으로 향해 용인 정도만 가도 충청도 말의 냄새가, 동쪽으로 향해 양평 정도만 가도 강원도 말의 기운이 확 느껴지는데 자신들의 말은 표준어라고 생각한다. 더 남쪽의 충청도, 더 동쪽의 강원도 사람들도 자신들의 말이 조금 다르긴 하지만 표준어와 별 차이가 없다고 말한다. 이렇듯 표준어, 그리고 그것의 바탕이 된 서울 말은 강력한 구심력을 가지고 있다. 금강을 건너고 추풍령을 넘어야 비로소 원심력이 조금 작용해 그곳 사람들은 자신들의 말이 서울 말 혹은 표준어와 다르다는 것을 인정한다.

그런데 바다 건너 육지와 뚝 떨어져 있는 제주도에 가면 상황이 달라진다. 서울에서 이토록 멀리 떨어져 있는 섬이라면 서울 말, 혹은 표준어와 많이 달라야 하는데 전혀 그렇지가 않다. 제주도 사람들끼리 얘기할 때는 알아듣기 힘든 말을 쓰지만 다른 지역 사람들과 대화할 때는 또박또박 표준어를 쓴다. 제주도의 말이 육지의 말과 많이 다르니 이 지역 사람들은 다른 지역 사람들과 소통하기 위해 자연스럽게 표준어를 익혀 쓴다. 제주뿐만 아니라 다른 지역도 마찬가지다. 아나운서가 꿈인 부산의 대학생은 일상에서는 부산 말을 쓰지만 표준어가 필요한 상황이 되면 완벽한 표준어를 구사한다. 서울 사람이지만 광주에서 직장생활을 하게 된 이는 이곳 사람들의 삶에 더 다가가기 위해 광주 말을 배워 구사하려고 노력한다.

이쯤에서 서울 말과 표준어에 대한 생각을 확 바꿀 필요가 있다. 서울 말은 표준말이 아니다. 서울 말이 표준어의 바탕이 되었지만 서울 말이 곧 표준어인 것은 아니다. 서울 토박이일지라도 표준어가 아닌 '서울 사투리'를 쓴다. 각 지역마다 말이 다르니 그 땅에 태어난 사람들은 저마다의 사투리를 쓴다. '사투리'란 말에 편견이 담겨 있을 수 있으니 그저 '서울 말, 부산 말,

광주 말'이라고 해도 좋다. 누구나 나고 자라며 익힌 말을 쓰는데 그 말은 표준어와 다르니 이 땅의 모든 사람들은 표준어가 아닌 각 지역의 말, 혹은 각 사람의 말을 쓴다.

하나 더! 이 땅에 완벽한 표준어를 구사하는 사람은 한 사람도 없다. 표준어는 실제로 존재하는 말이 아니라 규정에만 있는 말이다. '교양 있는 사람들이 두루 쓰는 현대 서울 말'을 바탕으로 두루뭉술하게 정했을 뿐 딱히 이 말, 혹은 이 사람의 말이 표준어라고 지정한 것은 아니다. 규정과 사전에 근거해 어떤 말이 표준어가 아니라고 할 수는 있지만 이 규정과 사전을 완벽하게 갖추고 이대로만 말하는 사람은 없다. 그러니 표준어와 가까운 말을 쓰려고 노력하는 사람은 있지만 표준어만 쓰는 사람은 없다.

서울 사람만이 표준어를 쓰는 것은 아니니 서울 사람이 아니어도 표준어를 쓸 수 있다. 서울 사람도 사투리를 쓰고 이 땅의 모든 사람들이 사투리를 쓰니 사투리를 쓰는 것을 딱히 문제라고 생각할 이유도 없다. 원활한 소통이 가능하다면, 때와 장소를 가릴 수 있다면 그만이다. 다행스럽게도 이 땅의 모든 말은 서로 통하고 잘 안 통하는 제주도 사람들은 표준어를 완벽하게 구사하니 문제없다. 굳이 표준어에 얽매이지 않아도 된다. 표준어는 원활한 의사소통이 가능하도록 제정한 것이지 의사소통에 제약을 가하기 위해서 제정한 것이 아니기 때문이다.

● 표준어의 역사

최초의 한국어 표준어? 이에 대한 정답을 내 놓기가 쉽지 않다. 두루 소통할 수 있는 말은 상황에 따라 자유롭게 정해질 수 있지만 표준어는 규정상 존재하는 것이기 때문에 국가나 단체 등이 있어야 한다. 역사적으로 국가, 나아가 통일 국가가 성립되었다 하더라도 표준어가 제정되는 일은 극히 드물다. 따라서 규정에 따라 제정되는 표준어가 아닌, 한 국가 안에서 널리 소통되는 말 정도로 범위를 정하면 그에 대한 역사를 논할 수 있다.

신라에 의한 삼국 통일은 '국어'가 형성될 수 있는 결정적 계기가 된다. 삼국이 통일되었다고 해서 말도 모두 통일되는 것은 아니다. 그러나 통일 이후 신라의 수도 경주의 말은 공용어로서의 지위를 갖게 되고 각 지역의 말은 방언으로의 지위를 갖게 된다. 세 나라의 서로 다른 말로 여겨지다 한 나라 안에서 서로 다른 방언으로 취급되는 것은 인식에서만이 아니라 언어 자체에도 큰 변화를 일으킨다. 각 지역의 말이 이전부터 유지해 오던 고유의 속성을 간직하면서도 공용어인 경주의 말이 덧씌워져 한 나라 안에서 같은 말로 인식될 가능성이 커지는 것이다. 신라의 뒤를 이은 고려는 한반도의 중부 지역인 개경에 자리를 잡았지만 경주를 중심으로 한 경상도의 말은 여전히 한국어의 뼈대를 이룬다. 고려의 수도가 중부 지역이므로 고려 이후의 공용어는 중부 지역의 말에 기반을 두었을 것으로 예상할 수 있다. 그런데 고려 건국 과정에서 신라의 지도층이 대거 참여하고 고려 건국 이후 개경과 주요 지역에 자리를 잡게 된다. 그 결과 고려의 공통어는 중부 지역의 말을 기층으로 하되 경상도 지역의 말이 덧씌워진 양상으로 형성된다. 고려의 뒤를 이은 조선의 수도 한양은 개경과 마찬가지로 중부 지역에 위치해 있으므로 고려 건국 이후 형성된 공통어의 특징은 그대로 유지된다. 그리하여 통일신라-고려-조선을 거치는 과정에서 형성되고 사용되어 온 서울 말은 1933년 맞춤법 통일안의 바탕이 되었다.

그런데 다른 차원에서 접근하면 또 다른 표준어를 만날 수 있다. 문어, 즉 문자로 기록된 말을 기준으로 하자면 함경도의 말이 이 땅 최초의 표준어였다. 한국어가 온전히 기록된 최초의 글이 표준 문어로서 합당한 자격과 가치를 가지고 있다면 그 글 속에 담긴 말이 곧 표준어였다고 할 수도 있다. 훈민정음이 창제된 직후에 간행된 문헌, 그것도 절대자 세종의 말이 바탕이 된 문헌이라면 그 말은 표준어로서의 자격이 충분하다. 그리고 세종이 사용한 말은 함경도 말이 토대를 이루고 있다고 믿어지니 함경도 말은 이 땅 최초의 표준어였다.

세종대왕은 함경도 말을 썼는가? 문헌상의 직접적인 기록이 없으니 여러 정황과 간접적인 증거를 토대로 추론할 수밖에 없다. 태조 이성계의 본거지는 함경도 함흥이고 세종의 아버지 태종 이방원 또한 함흥에서 나고 자랐으니 이들의 말씨는 함경도 말씨임이 틀림없다. 세종은 한양에서 나고 자랐으니 뿌리는 함경도 말씨이되 주변의 말씨가 뒤섞였을 가능성이 높다. 그렇지만 『용비어천가』를 비롯한 한글 창제 직후의 문헌은 함경도 말씨의 특징을 보여준다. 무엇보다도 오늘날 중부 지역의 말에는 없는 성조가 있는 게 그렇다. 문헌에 반영된 성조는 오늘날의 함경도 성조와 매우 흡사하다.

상황은 이렇다. 글자가 창제되었으니 글을 지어야 하는데 각지에서 모인 사람들이다 보니 저마다 말이 다르다. 그렇다고 각양각색의 말로 책을 편찬할 수는 없으니 기준이 되는 말을 정해야 한다. 함경도는 머나먼 변방이지만 이곳 출신이 조선의 왕위에 앉아 있지 않은가? 게다가 새로운 문자를 만든 이가 바로 당대의 왕 아닌가? 비록 변방의 말이지만 당대의 지존이 쓰고 있는 말이니 그 말을 표준으로 삼지 말아야 할 이유를 찾기 어렵다. 그리하여 함경도 말은 한글 창제 직후에 최초의 표준어로 자리를 잡게 된다.

함경도 말이 누렸던 최초의 표준어로서의 영광은 그리 오래가지 않았다. 훈민정음이 창제된 지 채 백 년이 되지 않은 무렵부터 성조 표기를 비롯해 함경도 말의 특징이 문헌에서 사라지기 시작한다. 왕조의 뿌리가 함경도 지역에 있을지라도 건국 이

후에는 왕실이 한양과 그 인근에 계속 자리를 잡고 있으니 함경도의 색깔을 유지하기는 어려웠다. 조선 왕조가 자리를 잡아가면서 조선의 주도층이 형성되었으니 이들의 말을 표준으로 삼아 문헌에 반영할 수 있는 상황이 되었다. 이후 중앙의 기관에서 펴낸 문헌은 오늘날의 표준어와 마찬가지로 한반도 중부 지역의 말이 반영되었다.

그리고 오늘날 한반도 전체를 바라보면 북녘에 또 하나의 표준어가 있다. 본래 표준어는 하나인 것이 일반적이고 한국어 또한 그러했는데 분단으로 인해 북에 또 하나의 정부가 들어서고 그 수도인 평양 말을 바탕으로 새로운 표준어(문화어)가 제정되었기 때문이다. 문화어의 제정은 오늘날의 한국어에 두 개의 표준어가 존재하게 되었음을 의미한다. 표준어는 여러 가지 공적인 목적에 의해 제정된 가공의 언어다. 북에 새롭게 들어선 정부는 자신들의 목적에 맞게 새로운 표준어를 제정했다. 그 결과 변방의 말에 불과했던 평안도 말은 한반도 북부 지역에서 새로운 구심점 역할을 하는 말이 되었다.

표준어의 역사와 그 속의 다양한 표준어를 살펴보면 표준어는 정치와 밀접한 관련이 있음을 알 수 있다. 신라의 삼국 통일, 조선 왕조의 창건, 남북의 분단 등이 표준어 성립의 결정적 계기가 되었다. 따라서 정치적 중심지, 즉 수도의 말이 표준어의 바탕이 되는 것은 당연한 결과였다. 그리고 수도는 정치, 경제,

사회, 문화 모든 면에서 강력한 힘을 가지고 있으니 그 말 또한 힘이 있다. 표준어에 이러한 힘이 있으니 사투리보다 좋은 말, 혹은 우위에 있는 말로 여겨지기도 한다.

표준어는 왠지 '있어 보이는 말', 배운 사람들의 말, 상냥하고 친절하게 들리는 말이다. 한편으론 '서울내기'의 깍쟁이 말 혹은 '평양치'의 깐드레한 말이다. 오늘날의 표준어에 익숙한 이들은 함경도 말과 비슷한 세종의 말이 몹시 낯설게 들리겠지만 당대의 젊은이들에게는 '간지나는 말'로 들렸을 수도 있다. 남쪽 사람들에게 평안도 말은 매우 거칠게 들리는데 같은 북녘의 함경도 사람들 귀에는 간지럽고 간사스러운 말로 들린다. 이 모든 것이 표준어에 대한 판단은 언어 자체가 가진 가치에서 나오지 않는다는 것을 말해 준다. 표준어의 역사를 살펴보면 경상도의 말, 함경도의 말, 평안도의 말 모두가 표준어가 될 수 있음을 알 수 있다. 나아가 이 땅의 모든 말은 다 표준어가 될 수 있나.

● **두루 통하는 말**

표준어를 써야 하는가? 아니다. 표준어는 소통의 편의를 위해 제정된 것이지 당위로서 강제하기 위해 제정된 것은 아니다. 그렇다면 표준어를 쓰면 좋은 점이 있는가? 그렇다. 무엇보다도 여러 사람과 두루 통할 수 있어서 좋다. 경상도 사람은 경상도 말로, 전라도 사람은 전라도 말로 하면 서로 통하기는 하나 다소 어려움이 있을 수 있다. 그중에 한 사람이 표준어로 말한다면 소통은 더 쉬워지고 두 사람 모두 표준어로 말하면 소통은 더 원활해진다. 반드시 표준어를 써야 하는 것은 아니지만 표준어를 쓰면 더 좋은 경우가 있으니 굳이 마다하거나 거부할 이유가 없다.

특정 지역의 사투리를 구사하는 정치인은 고향에서는 환영받을지 모르나 전국, 전 국민을 대상으로 큰 꿈을 꾸고 있다면 표준어도 함께 익혀 두는 것이 좋다. 지역을 가리지 않고 모든 팬의 가슴에 영원히 남고자 하는 연예인이라면 어디서나 두루 통할 수 있는 표준어를 쓰는 것이 좋다. 지역을 가리지 않고 친구를 두고 싶다면, 어느 지역을 여행하더라도 큰 무리 없이 여행을 하고 싶다면 역시 표준어로 말하는 것이 좋다.

반드시 서울 말이어야 하는 것은 아니다. 모든 규범을 깐깐하게 지켜 말해야 한다는 것도 아니다. 나고 자라면서 배운 말을 버리고 새로운 말로 바꾸라는 것도 아니다. 이 땅의 모든 말이 서로 통할 수 있으나 더 잘 통할 수 있는 말이 있다면 그 말도 함께 익혀 두면 좋다는 것이다. 본래 이 땅의 모든 말이 서로 통할 수 있을 정도로 가까우니 조금만 더 노력하면 되는 일이다.

표준어를 두루 통하는 말로 이해하기 위해서 중국의 '보통화(普通話)' 개념을 들여다 보는 것도 좋다. '방언(方言)'이란 말은 우리와 중국 모두 쓰지만 그것이 가리키는 대상은 사뭇 다르다. 우리의 머릿속에 있는 '방언'은 같은 한국어이기는 하지만 지역에 따라 조금 다른 말이다. 그러나 중국에서의 '방언'은 심하면 서로 의사소통이 불가능할 정도의 서로 다른 외국어이다. 이런 이유로 중국 정부는 어느 지역에서든 두루 통할 수 있는 보통화 정책을 강력하게 시행하고 있다. 이때의 '보통'은 '특별하지 아니하고 흔히 볼 수 있다'는 뜻이 아니라 '보편적으로 통한다'는 뜻이다. 중국에서는 보통화를 쓰지 않으면 소통이 불가능할 수도 있어서 의무적으로 써야 하지만 우리는 표준어를 쓰는 게 의무는 아니다. 그러나 더 잘 통할 수 있는 말을 마다할 이유는 없다.

부수와 타사로서 빼어난 실력을 모두 갖춰 야구의 역사를 새로 쓰고 있는 일본인 야구 선수 오타니 쇼헤이를 가리켜 '이도류(二刀流)'란 표현을 쓴다. 쓰임새가 다른 칼 두 종류를 함께 쓰는 것을 가리키는 말인데 이는 표준어와 사투리의 관계에도 적용할 수 있다. 나고 자라면서 배운 사투리가 있지만 여기에 표준어까지 더하면 이도류가 되는 것이다. 지역의 가족, 친지들과 이야기할 때는 친근한 사투리를 쓰고 다른 지역 사람을 만날 때나 공식적인 자리에서는 두루 통할 수 있는 표준어를 쓴 다면 이것이 곧 이도류이다. 이런 관점으로 바라보면 표준어나 그와 비슷한 말밖에 모르는 서울과 그 인근의 사람에 비해 방언을 쓰는 이들은 이도류가 될 기회를 갖춘 사람이기도 하다.

표준어를 써야만 교양이 있는 것은 아니지만 표준어를 쓰면 '교양 있는 사람'이 된다. 교육을 통해서, 그리고 우물 안을 벗어나 더 넓은 세계에서 많은 사람을 만나며 표준어를 배우니 표준어를 쓰면 '배운 사람'이 된다. 자신의 방언에 표준어까지 더하게 되면 때와 장소를 가려 마음껏 말을 쓰는 '이어류(二語流)'가 된다.

말소리 – 10 곱하기 19와 2 더하기 3

● '아' 다르고 '어' 다르다

말은 귀로 듣는데 귀에 들리는 것은 소리이다. 사람은 본래 먹고 숨 쉬는 데 쓰려고 발달한 여러 기관을 말하는 데 쓴다. 그 기관들을 자유자재로 활용해 다양한 소리를 만들어 내고 우리의 귀는 그 소리를 구별해 듣는다. 그래서 '아'와 '어'를 다르게 발음하고 구별해서 듣는다. 인간의 기본적인 발음기관은 차이가 없으니 이 땅의 모든 이는 다양한 소리를 완벽하게 만들어 낼 수 있다. 물론 이 땅에서 태어난 사람이더라도 미국이나 중국에서 성장한다면 영어나 중국어의 소리를 완벽하게 만들어 낼 수 있다.

그런데 이 땅의 모든 말에서 모두 같은 말소리가 쓰이는 깃은 아니다. 어떤 지역에서는 '에'와 '애'를 구별하는데 어떤 지역에서는 '에'와 '애'는 물론 '으'와 '어'도 구별하지 못한다. 어떤 지역에서는 'ㅆ'을 발음하지 못하고 어떤 지역에서는 'ㅈ'을 다른 지역과는 조금 다르게 발음한다. 어떤 지역에서는 '말'이라는 소리에 길고 짧음을 더해 사람이 입으로 하는 말과 달리는 말을 구별하고 어떤 지역에서는 말소리의 높고 낮음으로 뜻을 구별한다. 태어날 때는 모든 소리를 정확하게 구별해서 낼 수 있는 능력을 가지고 있지만 성장하는 과정에서 그 땅에서만 쓰이거나 구별하는 소리에 익숙해져 점차 그 소리만 내고 구별할 수 있게 된다.

우리는 발음에 매우 민감하다. 그 민감함이 유독 외국어에서 잘 발휘된다. 영어를 잘하고 못함의 기준이 혀를 얼마나 잘 굴리는가이다. 발음은 조금 어색하더라도 또박또박 정확한 표현으로 의사소통을 하면 되는데 발음이 현지인과 다르면 '구리다'는 평을 받는다. 반면에 우리말의 발음에 대해서는 둔감한 편이다. 영어로 말할 때 'o'와 'u'를 구별하지 않는다면 난리가 날 텐데 한국어의 '에'와 '애'를 구별하지 못하는 것에는 둔감하다. 하지만 이런 사람조차도 '으'와 '어'를 구별하지 못하는 사람을 놀리고 '의'를 '으'로 발음하는 사람을 만나면 이상하게 생각한다. 결국 발음에 대한 생각이나 평가도 때마다 다르다.

정확한 발음은 말을 통한 의사소통에서 가장 기본적인 요소이기 때문에 한글 맞춤법과 표준어 규정에서 이에 대한 명확한 규정을 두고 있다. 규범에서는 19개의 자음과 10개의 모음을 규정하고 있다. 'ㄱ, ㅁ'과 같은 자음이 19개이고 'ㅏ, ㅗ'와 같은 모음이 10개라는 것이다. 여기에 'ㅘ, ㅞ'와 같은 이중모음이 더 쓰인다. 이뿐만 아니다. 한반도의 서쪽에서는 길고 짧음으로 단어의 뜻이 달라져 '말, 눈, 밤'이 소리는 같더라도 길이에 따라 뜻이 달라진다. 반면에 동쪽에서는 높낮이에 따라 뜻이 달라진다. 따라서 정확하게 발음하려면 이들 모두의 조합을 자유자재로, 그리고 완벽하게 해야 한다.

'아'는 '어'와 다르고 '애'와도 다르다. 따라서 '아기'와 '애기'는 엄연히 다른 소리이다. 그런데 왜 '아기'가 '애기'가 되고 '어미'가 '에미'가 되는 것일까? '애기'와 '에미'는 표준어 규정에 맞지 않는 사투리로 취급되지만 스스로 표준어를 쓴다고 여기는 사람들조차 흔히 쓴다. '고기'를 '괴기'라 하고 '죽이다'를 '쥑이다'라고 하면 사투리로 들리지만 이 둘도 결국은 '애기'나 '에미'와 같은 현상이다. 이러한 차이는 말에 적용되는 음운 현상의 차이에서 나타나는 것인데 음운 현상은 지역마다 적용 양상이 다르다. '천지(天地)'는 과거에는 '턴디'였다가 한 지역의 음운 현상이 적용돼 '천지'가 표준어가 되었지만 유독 평안도에서는 '턴디'로 남아 있다. 그렇지만 이와 비슷한 현상이 적용돼 '기름'이 '지름'이 된 것은 아직 표준어로 인정되지 않고 있다.

'둘레길'이라 쓰고 '둘레낄'이라고 발음하는 것도 들여다보면 재미있다. 이는 흔히 '사이시옷'이라고 부르는 것과 관련이 있는데 '둘레낄'로 발음하려면 '둘렛길'로 써야 하지만 이리 쓰는 사람은 드물다. '둘레길'이라고 쓰고 '둘레낄'이라 발음한다면 '노래방'도 '노래빵'이라고 발음해야 한다. 이 또한 음운 현상의 적용 여부 문제인데 이 적용 양상도 지역마다 다르다. '법학'이나 '육학년'도 마찬가지여서 당연히 '버팍'과 '유캉년'으로 발음해야 할 것 같지만 어떤 지역에서는 '버박'과 '유강년'으로 발음한다. 이 또한 음운 현상이 적용되느냐 마느냐의 차이이다.

자음과 모음, 길고 짧거나 높고 낮음, 음운 현상의 적용 여부는 소리의 차이를 만드는데 이런 차이가 특정 지역의 말씨를 구별하는 중요한 요인이 된다. 말을 연구하는 이들은 이 차이에 바탕을 두고 한국어의 방언권을 구별하기도 한다. 그러나 이러한 차이가 있을지라도 다른 지역의 말씨를 들을 때 무슨 말인지 알아듣지 못할 정도는 아니다. 그저 '조금 다르게 말하는구나'라고 느낄 정도일 뿐이다. 달라 봤자 결국은 부처님 손바닥 안, 아니 한반도 안에서의 고만고만한 차이이다. 그 차이를 상대에 대한 배척이나 차별의 빌미로 삼을 것이 아니라 상대를 더 잘 알고 배려하는 데 쓴다면 더 좋을 정도의 차이다.

● **정확한 말소리를 찾아 떠나는 여행**

규범에서는 10개의 모음을 모두 발음해야 한다고 규정하고 있지만 표준어 화자라고 믿는 이들도 제대로 발음하는 것은 7개에 불과하다. '에'와 '애'가 구분이 안 되고 '외, 위'는 엉터리로 발음하고 있으니 말이다. 이래도 되지만 정확한 영어 발음에 목숨을 걸 듯 정확한 한국어 모음을 배우기 위해서는 어떻게 해야 할까? 굳이 그럴 필요가 있겠나 하는 생각이 들 법도 하지만 다음 상황이 심각하게 여겨진다면 생각해 볼 만한 일이다.

"저는 개가 제일 맛있어요."

이제 막 초등학교에 입학한 예쁜 여자아이 입에서 나오는 것이라고는 믿기지 않는 말이다. 그런데 TV에 나와 이리 말하는 아이를 보며 다들 입에 침이 고인다. 말소리는 틀림없이 '개'인데 화면 한가득 '게'가 보이니 달리 생각할 이유가 전혀 없다. 다들 아무렇지도 않게 이 상황을 바라보고 있는데 깐깐한 국어 선생만 '애' 다르고 '에' 다른데 저 아이는 왜 저리 발음할까 하고 시비를 걸 뿐이다. 규범을 들이대면 아이는 규범을 어긴 '범법자'이지만 현실에서는 아무도 문제라 여기지 않는다.

"괴도 뤼팽이 궤도 전차를 도둑질한 사건을 요약해 괘도로 보여 드리겠습니다."

초섬은 '투팡, 뤼팽'이 아닌 '괴도, 궤도, 괘도'에 있으니 한번 발음해 보라. 이상하다고 느끼거나 구별하지 못하는 것에 자괴감을 느낀다면 그래도 발음에 민감한 사람이다. 그러나 그렇지 않다고 해도 문제될 것은 없다. '외'는 발음할 때 입술 모양이 변하지 않아야 하는데 대부분의 사람이 그리 발음하지 못하니 '웨'로 발음하는 것도 규범에서 허용하고 있다. 게다가 '에'와 '애'도 구별하지 못하니 '웨'와 '왜'도 당연히 구별하지 못한다.

이것이 문제라고 여겨 정확한 발음을 배우고자 한다면 서울이 아닌 전라북도 서해안 지역으로 가야 한다. 이 지역에 사는 토박이라면 아이들조차 '게'와 '개'를 정확하게 구별한다. 이 지역에서는 '나는 가는데 철수는 안간대?'에서와 같이 어미에 쓰인 '에'와 '애'도 명확하게 구별해 말한다. '외'와 '위'를 발음할 때도 입술을 동그랗게 한 뒤 끝까지 그대로 유지해서 발음한다. '에'와 '애'가 구별되고 '외'를 정확하게 발음하니 이 지역 토박이는 '괴도, 궤도, 괘도'를 헷갈릴 일이 없다. 그러니 진정으로 정확한 발음을 배우고자 한다면 이 지역에 가서 귀를 쫑긋 세워 듣고 따라 하면 답을 얻을 수 있다.

"밑어득찜 ○○○○○원?"

메뉴판에 씌어 있는 '밑어득'이 무엇일까 궁금하면 마산 토박이의 발음을 들어보면 된다. 바로 마산의 명물 '미더덕찜'이다. '엄마'를 '은마'로, '정거장'을 '증그장'으로 발음하는 것은 경상도 지역의 말씨에서는 흔한 일이다. '어, 으'가 구별되지 않으니 경상도 지역은 6개의 모음만 구별하는 셈이다. 10개 중에 7개밖에 정확하게 발음하지 못하는 사람들도 경상도 사람들의 '어, 으' 발음에 대해서는 놀리는 일이 많은데 그래 봤자 '칠십 보 육십 보'이니 놀릴 일이 아니라 정확한 발음의 필요성에 대해 생각해 보는 계기로 삼으면 좋을 것이다.

"내가 말한 되로 하면 되."

도대체 왜 '대로'를 '되로'로 쓰고 '돼'를 '되'로 쓰는지 알고 싶으면 역시 마산을 비롯한 경상도 지역의 발음을 잘 들어보면 된다. '되'와 '돼'가 발음으로 구별되지 않으니 '안 돼'라고 써야 할 것을 '안 되'라고 쓰는 이들은 다른 지역에도 많다. 그런데 이 지역에서는 '과자'가 '가자'로 발음되고 '역할'을 '역활'로 쓰는 이가 많다. 이런 이유로 '말한 대로'를 '말한 되로'로 쓰기도 한다. 결국 발음에서의 문제가 표기에도 영향을 미치니 이런 문제를 극복하기 위해서라도 정확한 발음에 귀를 기울일 필요가 있다. 그런데 이를 두고 경상도의 말을 비하하거나 경상도 사람을 놀려서는 안 된다. 모음 10개를 완벽하게 구별하는 사람이라도 그래서는 안 될진대, 7개와 6개는 하나 차이일 뿐이기 때문이다.

"말을 파는 장수가 말이 많으면 되로 주고 말로 받는다."

더욱이 이 사례를 보면 경상도 말에서 강력한 무기 하나를 발견할 수 있다. 이 문장에서는 '말'이 세 번 나오는데 규정에 따르면 두 번째의 말은 길고 나머지는 짧다. 그러나 요즘에는 길고 짧은 것으로 말을 구별하는 이가 거의 없다. 따라서 '밤에 밤을 먹는다'와 '눈에 눈이 들어갔다'와 같은 문장에서 '밤'과 '눈'을 구별해서 말하지도, 듣지도 못한다. 그러나 경상도 말에서는 '말' 셋이 높낮이로 구별된다. '저조, 고조, 상승조'로 구별되는데 이리 하면 모음의 수가 '더하기 셋'이 아닌 '곱하기 셋'이 되는 셈이다. 따라서 표준어 화자라고 믿는 이가 모음을 7개밖에 구별하지 못한다면, 모음을 6개밖에 구별하지 못하는 경상도 화자는 세 개의 성조 덕분에 18개의 모음을 구별하는 셈이 된다.

'2^2, 2^e, e^2, e^e'를 배우는 수학 시간에는 이 성조가 더 큰 빛을 발한다. 이것을 옛날 방식대로 읽으면 '이의 이승'인데 다른 지역 사람들은 모두 똑같이 발음할 수밖에 없다. 그러나 경상도 지역에서 '2'는 낮고 'e'는 높으니 네 개의 조합이 높낮이가 모두 달라 서로 구별된다. 이렇듯 성조는 큰 장점이 있는 반면 표준어를 익히고자 할 때는 큰 장애가 되기도 한다. 성조가 몸에 밴 이들은 성조가 없는 표준어를 말하고자 할 때도 성조가 자동적으로 실리기 때문이다.

결국 말소리의 숫자, 장단과 높낮이의 구별 모두 그저 지역의 차이이니 좋고 나쁨이나 옳고 그름을 따질 문제가 아니다. 오히려 여러 방언의 다양한 소리를 들어 본다면 모두가 통할 수 있는 정확한 발음을 하는 데 도움이 된다. 말소리를 들을 수 있어야 구별해서 발음할 수 있다. 살던 곳을 떠나 색다른 곳을 여행하는 즐거움은 새로운 풍경과 먹거리를 보고 먹는 데에만 있는 것은 아니다. 나와는 조금 다른 말을 하는 사람들과 만나면서 그들의 말을 듣고 배우는 즐거움도 찾을 수 있다. 영어 발음에 목숨 거는 것의 반만큼만, 영어 발음에 민감한 것의 반의 반만큼만 관심을 가져 보자.

● 여괴전이 야개요?

"역외전이 약애요. 맘은 독아게, 그렇지만 손은 급아지 않게 쳐야 해요."

말소리만 들으면 무슨 뜻인지 알기 어려울 수도 있다. 그런데 스포츠 해설자의 말이니 중계되는 영상과 함께 보면 이해가 된다. 당구 경기가 대중적인 인기를 끌게 되면서 광주 출신 해설자의 말씨가 화제가 됐다. 발음 때문에 '여괴전'과 '야개요'로 알려졌지만 본래 '역회전'과 '약해요'이니 '역외전'과 '약애요'라고 써야 다른 단어로 오해되는 일이 없을 것이다. 방송 해설자가 사투리를 쓰는 것에 규범의 잣대를 들이대 문제 삼을 수도 있다. 그러나 많은 시청자들은 오히려 이러한 말씨에 흥미를 보이기도 한다.

'역회전'과 '약하다'가 '여괴전'과 '야가다'로 발음되는 것은 난어의 차이도 아니고 단순한 빌음의 사이도 아니다. '아기'가 '애기'가 되는 것, '기름'이 '지름'이 되는 것, '가슴'이 '가심'이 되는 것 등은 이 단어에 적용되는 음운규칙의 차이이다. '아기, 아비, 어미, 고기, 죽이다'가 같은 환경이면 모두 같은 규칙이 적용돼 '애기, 애비, 에미, 괴기, 쥑이다'가 된다. 마찬가지로 '기지개→지지개, 길→질'이나 '아침→아츰, 모습→모십' 등도 환경이 같으니 예외 없이 적용된다.

음운규칙은 이처럼 일괄적으로 적용되기 때문에 매우 많은 단어에 영향을 줄 수 있다. '부추'를 '정구지'라 하는 것은 단어 하나만 표준어가 아닌 사투리로 말하는 것이지만 '애기'는 이와 같은 환경의 모든 단어에 나타나는 것이니 해당 단어가 몇 개일지 가늠이 안 될 뿐만 아니라 새롭게 만들어진 단어에도 적용되어서 그 수가 무궁무진하다. 즉 이러한 규칙의 유무에 따라 영향을 받는 단어의 수가 매우 많다는 점에서 어휘 하나의 차이와는 차원이 다르다. 따라서 이러한 규칙을 적용해 말하면 '사투리 사용자'라는 낙인이 찍히기 쉽다.

'여괴전이 야개요'에 나타난 음운 현상의 효과를 극단적으로 느낄 수 있는 사례 중 하나로 수많은 사람들이 쓰는 욕설을 꼽을 수 있다. 욕설의 어원과 그 구성은 차마 글로 쓸 수 없으니 그 결과만 놓고 보기 위해 '씨O'이라는 두 음절로 된 욕설을 예로 든다. 이 욕의 O 자리에는 '팔'이 들어가는 것과 '발'이 들어가는 것 두 종류가 있다. 이 차이는 'ㅂ'과 'ㅎ'이 만날 때 적용되는 음운규칙의 종류에 따라 나타난다. 표준어에서는 'ㅂ'과 'ㅎ'이 만나 'ㅍ'이 되지만 방언에서는 'ㅎ'이 탈락되고 'ㅂ'만 남기 때문이다. 두 욕설 중에서 '발'이 들어가는 것이 더 찰지게, 혹은 강력하게 들리는 이유는 방언에서의 음운규칙이 적용되었기 때문이다.

방언에 따른 음운 현상의 차이는 한국어 연구자들의 주된 관심사이지만 보통 사람들에게는 누가 방언을 쓰는가 그렇지 않는가를 판단하는 기준이 되기도 한다. 지역에 따른 음운규칙의 차이가 있는 것은 너무도 자연스러운 것인데 방언 사용자라고 차별이나 놀림을 일삼는 것은 바람직하지 않다. 그러나 공적인 자리에서, 혹은 다른 지역의 사람들과 원활하게 소통하기 위해서 굳이 자신의 방언에서 적용되는 음운규칙을 반영할 필요는 없다. 다른 사람의 말에는 관대하되 자신의 말에는 조금 엄격한 기준을 적용한다면 방언에 대한 민감한 반응과 그에 따른 차별의 '역외전이 약애질' 것이다.

호칭 – 가족에서 이웃까지

● 돌하르방과 아바이 순대

제주도에 가면 돌하르방을 만날 수 있고 속초에 가면 아바이 순대를 먹을 수 있다. 그저 특정 지역에 가면 만날 수 있는 기념물이나 음식이라고 생각할 수 있으나 이 둘은 모두 그 지역의 친족 명칭과 관련이 있다. '하르방'과 '아바이'는 모두 표준어로는 '할아버지'를 뜻한다. 하르방은 말소리가 비슷한 '할아버지'와의 관련성을 유추할 수 있으나 아바이는 '아버지'와 관련이 있어 보이니 처음 접해서는 그 뜻을 가늠하기 어렵다.

'할아버지'는 '크다'는 뜻의 '한'과 '아버지'가 결합된 것이니 큰 아버지, 즉 아버지의 아버지를 뜻한다. 이 어원을 알고 나면 왜 평안도 지역에서 할아버지를 '클바지, 클아바이, 클아반'이라 하는지 이해가 된다. 또한 전라도 지역에서 '한압씨, 할압씨, 한아씨' 등으로 할아버지를 부르는 것도 이해가 된다. 할아버지뿐만 아니라 조부모부터 손자까지, 그리고 사돈의 팔촌까지 여러 방언의 친족 명칭을 들여다보면 그 양상이 매우 다양하다.

함경도에서는 여자가 결혼하면 '나그네'랑 살고 경상도에서는 남자가 혼례를 마치면 집안에 '안소실'을 두고 산다. '나그네'

는 자기 고장을 떠나 다른 곳에 잠시 머물거나 떠도는 사람을 뜻하고 '소실'은 정식 아내 외에 데리고 사는 여자를 뜻하니 도무지 이해가 안 된다. 방언에서 남편을 가리키는 '서나, 이녁, 저가배'나 아내를 가리키는 '에미네, 안까이, 제미' 등도 본래의 뜻을 곱씹어 보면 그리 좋은 뜻이 아님을 알 수 있다. 표준어의 우월성과 방언에 대한 차별의식 때문에 방언의 친족 명칭은 비하의 느낌이 더 강하게 느껴지기도 한다.

함경도에서 고모와 이모, 그리고 외숙모가 우스갯소리를 하면 '아재'가 '개그'를 한다고 표현할 수 있다. 제주도에서는 남녀를 가리지 않고 부모와 비슷한 세대의 이웃들을 모두 '삼촌(춘)'이라고 부른다. 평안도와 황해도에서는 아내의 부모, 즉 장인과 장모를 '가시아바이'와 '가시오마이'라고 부르는데 그 뜻은 아내의 아버지와 어머니란 뜻이다. 고개가 갸우뚱해질 수도 있는 호칭이지만 곱씹어 보면 긍정적인 의미도 발견할 수 있다. 호칭에 남녀의 구빌이 반드시 있어아 하는 깃도 아니고 아내의 부모만 특별히 한자어로 불려야 하는 것도 아니다.

돌하르방은 제주도에만 있다. 다른 지역의 나무로 만든 장승이 하는 역할을 대신하는 것이 제주도의 돌하르방인데 돌이 많은 제주도의 환경을 생각하면 이해가 된다. 하르방은 제주도에서만 쓰이고 있고 그 경우에 그 맛이 더 느껴지기도 한다. 반면에 아바이 순대는 함경도가 아닌 속초에 가야 그 참맛을 볼 수 있다. 한국전쟁으로 고향인 함경도를 떠난 이들이 속초에 자리를 잡았기 때문이기도 하다. 그런데 돼지 창자에 갖은 재료를 채워 넣어 만든 순대를 생각해 보면 이런 음식이 각지로 퍼져 각각의 변형과 조화의 과정을 거치는 것도 좋아 보인다.

호칭은 어렵다. '마누라'가 요즘에는 아내를 낮춰 부르는 말이지만 과거에는 임금이나 왕후를 부를 때 쓰는 말이었다. '집사람'에 비하의 뜻이 담겨 있다고 해서 '아내'를 권하거나 쓰는 이들이 많은데 앞엣것은 '집에 있는 사람'의 뜻이고 뒤엣것은 '안에 있는 사람'의 뜻이니 거기서 거기다. 성별에 따라 '아저씨'와 '아주머니'로 구별해서 부르는 것이 당연하게 보이기도 하지만 그 말에 성별에 따른 차별과 나이에 따른 비하의 의미가 담겨 있다고 여겨지기도 한다. 이렇듯 어려운 호칭 문제 풀이의 실마리를 방언에서 찾을 수도 있다. 특히 말매무새에 도움이 될 수 있다면 열 일 제쳐 놓고서라도 찾아 나서야 한다.

● 가족의 확대

2010년에 방영된 드라마 〈추노〉는 높은 시청률과 강렬한 주제음악으로 기억에 남지만 등장인물들의 대사 속에 나오는 '언니'라는 호칭으로도 오랫동안 기억된다. 칼을 들고 각지를 누비는 상남자들끼리 서로를 부를 때 '언니'라고 하는 장면은 누구에게나 낯설게 느껴질 것이다. 그러나 과거의 졸업식장에서 꼭 불리던 〈졸업식 노래〉의 한 구절 '빛나는 졸업장을 타신 언니께'를 떠올리면 이해가 될 수도 있다. 이 노래가 여학교에서만 불리는 것은 아니니 이 노랫말 속의 '언니'는 부르는 이와 불리는 이의 성별과 관련 없이 선배 모두를 가리킬 수 있는 말이었다.

'언니'는 요즘 여자 형제들끼리, 나아가 여자들끼리만 많이 쓰이지만 서울과 경기 지역에서는 같은 부모에게서 태어난 사이이거나 일가친척 가운데 항렬이 같은 동성의 손위 형제를 이르거나 부르는 말이었다. 서울 말을 기준으로 제정된 표준어에서도 이러한 용법을 그대로 받아들여 사전에도 이렇게 등재되어 있지만 오늘날에는 그 의미가 축소되어 쓰이고 있다. 불리는 이는 물론 부르는 이의 성별까지 따지는 우리의 호칭 체계에서는 서울 말의 이 호칭이 조금 예외적이어서 의미가 축소된 것으로 보인다.

호칭 체계에서는 구별하는 요소가 많을수록 그 대상을 명확하게 지정할 수 있는 장점이 있지만 이것이 차별로 이어질 수 있다는 점에서는 단점이 될 수도 있다. 대표적인 것이 '형, 오빠, 누나, 언니, 동생' 등인데 이는 부르는 이와 불리는 이의 성별과 나이를 모두 고려한 것이어서 서로를 부르는 호칭만 들어도 모든 관계를 추론할 수 있다. 그러나 이런 구별 체계 때문에 남성어 혹은 여성어라는 굴레가 씌워지기도 한다. 이런 점에서 〈추노〉에서 등장한 서울 말의 '언니'는 성별에 따른 굴레를 제거하는 역할을 할 수도 있다.

북녘땅을 떠나 남쪽에 정착한 이들, 특히 평안도가 고향인 이들은 가끔 '아저씨'라는 말 때문에 곤란한 상황에 처하곤 한다. 아저씨는 본래 아버지의 남자 사촌 형제를 가리키는 말이거나 아버지 또래의 남자 어른들을 가리키는 말이다. 그런데 평안도에서 '아저씨'는 언니의 남편, 즉 '형부'를 가리키는 말이다. 아저씨는 꽤 멀게 느껴지지만 형부는 매우 가까운 사이가 된다. 형부와 처제, 매형과 처남, 아가씨와 도련님 등 우리의 호칭 체계는 나이와 성별을 매우 복잡하게 따진다. 평안도 말의 '아저씨'는 이모, 고모, 외숙모 등에 모두 쓰이는 함경도 말의 '아재'와 함께 복잡한 호칭 체계와 그 안에 내재된 차별의 가능성을 예방하는 호칭이 될 수도 있다.

평안도나 황해도에서 아내의 부모를 가리키는 '가시아바이'와 '가시오마이'는 본가와 처가를 구별하는 호칭 체계에 대해 생각할 거리를 제공한다. 우리말의 호칭은 고유어와 한자어가 섞여 있는데 묘하게도 '장인(丈人)'과 '장모(丈母)'는 한자어이다. 한자 '丈'이 '어른'을 뜻하고 한자어가 고유어에 비해 더 높이는 뜻을 가진 경우가 많다. 그런데 이 말을 쓰는 이, 즉 남편 혹은 사위의 처지에서는 자신의 부모와 아내의 부모를 구별하려는 의도가 담긴 말이기도 하다. '가시아바이'와 '가시오마이'는 아내를 뜻하는 '가시'가 걸리기는 하지만 '아바이'와 '오마이'가 구별 없이 직접적으로 쓰였다는 점에서 긍정적이기도 하다.

그런데 부부 간의 호칭이나 지칭에 초점을 맞추어 방언을 들여다보면 부정적인 것이 눈에 먼저 들어온다. 함경도에서는 남편과 아내의 명칭으로 '나그네'와 '안까이'가 짝을 이룬다. 왜 남편을 '나그네'라고 하는지, 이것이 정말 잠시 머물거나 떠도는 사람의 뜻인지 궁금증을 불러일으킨다. 이와 짝을 이루는 '안까이'는 집안에 있는 여자 정도의 뜻이니 썩 긍정적인 의미는 아니다. 부정적인 의미로 해석되는 것은 아내의 명칭 쪽에 더 많은데 주로 '집안에서 아이를 낳는 여자'의 의미를 담고 있다.

부부 간의 호칭에서 남녀의 성별을 나타내는 것은 당연한 일일 수 있지만 집의 안과 밖으로 역할 구분을 하거나 아이를 낳아 기르는 존재로 치부하는 명칭은 굳이 찾아서 쓸 이유가 없어 보인다. 오히려 남편을 집 밖에서 떠도는 존재인 '나그네'로 보는 것, 아내를 집안에서 아이를 키우며 살림이나 하는 여자로 보는 것을 경계하거나 반성하는 자료로 삼을 만하다.

● 이웃의 발견

이론적으로 부모와 자식 사이는 일촌이고 형제끼리는 이촌이어서 촌수를 따질 수는 있지만 진정한 '가족'이라고 여겨지는 부모와 형제 사이에서는 굳이 촌수를 따지지 않는다. 따라서 촌수가 개입된 호칭은 삼촌부터 쓰이기 시작해 '사돈의 팔촌'까지 모두 따져서 쓸 수 있다.

보통 짝수의 촌수끼리는 같은 항렬이어서 형제나 친구처럼 편안하게 느껴지기도 하지만 홀수의 촌수끼리는 한 항렬 차이가 나서 대하기에 다소 어려움이 있다. 홀수의 촌수인 삼촌과 오촌은 가까우면서도 먼 듯한 존재이다. 촌수 중 대화에 친척을 언급할 때, 즉 지칭할 때는 '오촌 당숙'과 같이 촌수가 쓰이기도 하지만 호칭으로 쓰이는 것은 삼촌이 유일하다. 부모의 여자 형제는 '고모'와 '이모'란 명칭이 따로 있는데 남자 형제만은 유독 '삼촌'이라 부르니 특별한 대우를 받는 셈이다. 오촌부터는 그저 '아저씨'와 '아주머니'로 뭉뚱그리고 촌수를 호칭에 붙이는 일은 없다.

아저씨와 아줌마는 묘하고도 복잡한 의미를 담고 있다. 이는 본래 친족 중 오촌 관계에 있는 이, 즉 부모의 사촌을 부르는 말이었다. 그런데 이 말이 친족 관계를 넘어 이웃은 물론 잘 모르는 사람에게도 쓰이게 되었다. 같은 성씨끼리 모여 사는 집성촌이 아니라면 이웃끼리는 직접적인 인척 관계가 아니다. 그런데 '이웃사촌'이란 말에서도 알 수 있듯이 서로 이웃에 살면서 정이 들면 친척과 다름없다고 여기는 것이다. 이보다 더 가까운 삼촌은 부모의 형제자매를 가리키는 말이었다. 그런데 이 말 또한 친족의 울타리를 넘어 쓰이기도 한다. 삼촌과 오촌은 모두 한 항렬 차이가 나는 대상, 즉 부모와 같은 세대를 가리키는 경우가 대부분인데 이 말이 친족 관계를 넘어 다양한 대상에 대해 쓰이게 된 것이다. 그리고 방언에 따라 이 양상은 매우 복잡하고 다양하게 나타난다.

아저씨와 아주머니는 방언에 따른 명칭 차이는 크게 없지만 이 말이 가리키는 대상은 방언에 따라 다르다. 아저씨는 '아이씨, 아잡씨, 아재, 아즈바이' 등으로 나타나는데 말소리가 비슷하니 기원이 같은 말이라 추측할 수 있다. 아주머니 또한 '아재, 아즈마이, 아지매, 아줌마' 등으로 나타나 별 차이가 없다. 본래 오촌지간의 친척에 대해 성별을 가려 쓰는 밀이지만 빙인에 따라서 그 대상이 천차만별이다. 삼촌도 아재라 불리는 경우가 있고 이모, 고모, 외숙모도 아재라 불리기도 한다.

방언에서 엿보이는 이러한 다양한 쓰임은 표준어를 기준으로 놓고 보면 이상하거나 엉터리로 보일 수 있다. 촌수와 성별에 따라 분명하게 구별하는 것은 대상을 특정하는 데 도움이 되지만 그러한 구별이 반드시 좋은 것만은 아니다. 호칭이나 지칭에 담겨 있는 촌수나 성별에 따라 느끼는 친근함이 다를 수 있으며 이러한 구별이 차별로 나아갈 수도 있다. 이런 점에서 삼촌부터 오촌까지 성별을 가리지 않고 '아재'라고 부르는 것은 지나친 구별이나 그로 인한 차별을 예방한다는 점에서 긍정적일 수 있다.

제주도 말에서의 '삼촌'은 광범위하고도 적극적으로 쓰인다는 점에서 참고할 만하다. 현기영의 소설 『순이삼촌』을 통해서 널리 알려지게 된 '삼촌'은 표준어에서 말하는 친족으로서의 삼촌도 아니고 남자만 가리키는 말도 아니다. 표준어로 치면 아저씨와 아줌마를 합쳐 놓은 대상, 즉 형제 또래보다는 부모님 또래에 가까운 이들 모두를 가리키는 말이다. 이는 본래 오촌을 가리키는 말인 아저씨보다 상대를 더 가까운 친척으로 보는 말이다. 나아가 굳이 남녀를 구별하지 않고 모두에게 아울러 쓸 수 있는 말이기도 하다. 이 또한 구별을 강조해 차별까지 이어질 수 있는 호칭을 대체할 수 있는 명칭이라 할 수 있다.

과거에 집성촌을 이루어 살거나 대가족이 함께 살 때, 제사나 명절 등에 친척의 왕래가 잦을 때는 친족 간의 관계를 따지고 그에 따른 적절한 호칭을 하는 것이 매우 중요했다. 그러나 극히 작은 단위로 핵가족화되고 친척 간의 왕래도 뜸해진 요즘의 상황에서는 친족 간의 관계나 적절한 호칭을 강요하기 어렵다. 이에 따라 친족 명칭이나 호칭 체계를 간소화하는 것이 필요하기도 한데 이러한 시도는 여러 방언에서 이미 널리 나타나고 있다. '아재'나 '삼촌'으로 단순화하는 것이 마치 영어의 '엉클(uncle)'이나 '앤트(aunt)'를 따라가는 듯한 느낌이 들 수도 있지만 방언에서 이러한 시도가 오래전부터 영어와 관계없이 자연스럽게 이루어졌다는 점에서 이런 호칭은 적절한 말매무새에 활용할 만하다.

화법 – 말하는 법과 듣는 법

● '진짜가?'에서 '뭐여~'까지

대화는 '말문'에서 시작된다. 말에 무슨 문이 있을까 싶지만 '말문이 트이다, 말문이 열리다' 등 우리의 표현 속에서 말문은 흔히 쓰이는 말이다. 누군가 말문을 열면 다른 누군가는 귀가 열린다. 대화는 일방적으로 하는 것이 아니니 서로가 말을 주고받아야 하는데 이는 거저 이뤄지는 것이 아니다. 어떤 이는 열심히 들으면서 중간중간 추임새를 넣는다. 어떤 이는 상대의 말이 떨어지기가 무섭게 바로바로 받아친다. 그리고 어떤 이는 듣는 건지 안 듣는 건지 알 수 없을 정도로 눈만 껌뻑이며 쳐다보기만 한다. 이 모든 것이 화법이다.

누군가 'ㄹㅇ'이라고 써 놓았을 때 이 뜻을 아는 이와 모르는 이는 여러 면에서 구별이 된다. 아무렇지 않게 '진짜?'라는 뜻으로 받아들이는 이는 비교적 젊은 축에 속하거나 현실의 줄임말과 그 표기에 익숙한 이들일 것이다. 반면에 무슨 뜻인지 모르거나 안다고 하더라도 '한글 파괴, 외국어 남용' 등을 지적하는 이들은 젊은이들의 줄임말을 비롯한 정체불명의 말에 익숙하지 않은 나이 든 이들이거나 이러한 용법에 부정적인 이들일 것이다. 이 말의 정체와 기원, 그리고 용법에 대한 논쟁은 일단 접어 두고 방언으로 접근해 보는 것도 재미있다. 물론 영어의 방언이 아닌 한국어의 방언이고 이 표현에 얽힌 반응과 태도에 집중하는 것이 좋겠다.

이 'ㄹㅇ'의 뿌리를 캐다 보면 '레알-리얼-리얼리-really'에 이르게 된다. 영어를 쓰는 이들이 상대의 말에 대해 반응할 때 '리얼리(really)?'라고 말하는 것을 흔히 듣게 되는데 이 말이 돌고 돌아 'ㄹㅇ'에까지 다다른 것이다. 그렇다면 '진짜?'는? 우리도 말할 때 이 표현을 흔히 쓰는데 이 표현은 그저 영어식 표현을 우리말로 바꾸어 놓은 것일까? 그렇게 생각할 가능성도 있지만 반드시 그렇다고 증명하기도 어렵다. 우리말 표현에 영어를 비롯한 외국어가 아무리 많이 들어왔다고 하더라도 이렇게 일상적인 표현에까지 들어와 있다고 볼 증거도 딱히 없기 때문이다.

"진짜가?"

누군가 말을 했을 때 상대의 반응이 이리 나온다면 몇 가지 생각을 해 봐야 한다. 상대는 이 사람의 말을 의심하는 것일까? 아니면 단순한 놀람을 표시하거나 맞장구를 치는 것일까? 놀람이나 맞장구라면 '그래?'가 있으니 다소 의심의 눈초리를 보내는 것일 수도 있다. 그런데 이 말을 하는 사람이 경상도 말을 쓰는 사람이라는 사실은 분명히 알 수 있다. 물음의 말끝으로 '진짜야?'나 '진짜니?'와는 다른 '가'를 썼기 때문이다. 이 사람은 궁금한 게 있으면 말끝을 내리며 '뭐고?'라 할 것이고 상대의 말에 책망 섞인 반응을 할 때는 말끝을 올리면서 '뭐꼬?'라고 할 것이다.

대화는 주고받는 것. 누군가 말을 시작해야 하고 그 말을 듣는 이는 적절한 반응을 해야 대화가 부드럽게 이어질 수 있다. 말을 시작할 때 아이들은 '있잖아요'라고 하고 어른들은 '거 뭐냐'라고 한다. 이렇게 시작된 말을 들은 이는 '그래?' 혹은 '진짜가?' 등으로 답하며 대화를 적절히 이어 나간다. 이러한 말은 지역마다 다른데 적절히 활용한다면 말매무새에 많은 도움이 된다.

적절한 반응을 이끌어 내려면 말하는 이의 태도 또한 중요하다. 함경도 사람의 말을 듣다 보면 처음에는 말끝마다 덧붙은 '~란 말임다'만 들리는데 듣는 이의 느낌은 시원시원하다. 충청도 사람의 말을 듣다 보면 때로는 '뭐여~' 한 마디에 너무도 많은 의미가 담겨 있어 해석하기가 어렵기도 하고 때로는 과장된 장광설에 피식 웃음이 나오기도 한다. 하고자 하는 말을 시원스럽게 다 펼쳐 놓아야 좋을 때도 있고 할 말은 많더라도 차곡차곡 접어 두고 꼭 필요한 말만 해야 하기도 한다.

● 말문을 트고 잇는 방법

"있잖아."

도대체 뭐가 있는 것일까? 유심히 관찰해 보면 아이들이 말을 시작할 때 이 말을 꺼내는 경우가 많다. 얘기를 꺼내기 어려운 내용, 뭔가 부탁을 하는 상황일 때 특히 이 말로 시작하는 경우가 많다. 맥락을 보면 당연히 할 얘기가 있다는 뜻이다. 그런데 방언에 따라서는 좀 다르게 나타나기도 한다.

"거 있냐?"

전라도 지역에서는 이렇게 물음으로 시작한다. 그저 '있냐'라고 말하는 경우도 있는데 이 또한 '네가 거기 있냐?'의 줄임말이다. 옆에 있는 줄 뻔히 알면서도 이렇게 말을 꺼내는 것은 역시 말문을 트기 위한, 즉 대화를 시작하기 위한 것이다.

이 물음은 상대의 존재를 확인하기 위한 것이지만 물음의 대상이나 방법이 지역에 따라 다르다. 중부 지역에서는 "그서 뭐지?"로 나타나는데 이것과 유사하게 함경도에서는 "거 머인가?"로 경상도에서는 "거 머꼬?"로 나타난다. 그것이 무엇인지는 말을 하는 사람이 아는데 되려 상대에게 묻는다. 이 역시 물음 자체가 목적이 아니라 말문을 떼기 위한 시도인 것이다.

이렇게 말할 내용이 있어서 상대의 존재를 확인하고 이야깃거리를 꺼내면 대화가 시작된다. 내용에 따라서는 대화가 물 흐르듯 자연스럽게 이어질 수 있으나 원만한 대화를 위해서는 서로의 노력이 필요하기도 하다. 이럴 때 적절한 반응, 또는 추임새가 필요한데 이럴 때 가장 많이 쓰이는 말 역시 아이들의 대화에서 확인할 수 있다.

"그래?"

이 물음은 사실에 대한 되물음이기는 하지만 그렇다고 사실을 캐 보겠다는 의도는 아니다. 사실을 수용하는 말은 "그렇구나" 정도인데 이보다 더 강하게 상대의 말에 동조하면서 동시에 궁금증을 나타내며 다음 말을 이어 나가는 것이다. 그런데 이 말을 충청도 말로 하면 "그려?" 또는 "기여?"인데 방언 차이를 감안하면 완전히 같은 말인데 의미는 조금 다를 수 있다. 속내를 완전히 드러내지 않고 말하는 충청도 말의 특성 때문에 충청도에서의 "그려?"는 동조보다는 다소의 의심을 표현하는 것일 수도 있다.

"진짜가?"

이 물음은 경상도 지역에서는 이와 같이 더 적극적으로 나타난다. 아이들의 말에서는 "진짜?" 정도로 나타나는데 경상도 지역에서는 특유의 다소 과장된 억양으로 상대의 말에 물음으로써 반응한다. 이 말에 익숙하지 않은 다른 지역 사람들은 상대가 자신의 말에 의심을 품고 확인하는 것으로 오해할 수도 있다. 그러나 이는 상대의 말에 대한 동조이자 흥미의 표현이다.

"진짜여?"

그런데 똑같은 문장을 충청도식으로 하면 상황이 달라진다. 경상도 말의 "진짜가?"의 억양을 숫자로 표시하면 '3-1-1'으로 매우 높은 데서 시작하지만 바로 하강해서 낮게 끝난다. 그런데 충청도에서는 '1-1-2'로 낮은 데서 시작해 끝을 올린다. 이는 경우에 따라서는 경상도에서와 같이 동조와 호응의 표시일 수도 있지만 의구심의 표현일 가능성도 있다.

대화를 이어 가기 위한 말이 의문문 형식이고 충청도에서는 실제로 의문이나 의심을 표현하기도 하지만 이는 결국 대화를 효과적으로 이끌어 가는 방법이기도 하다. 상대의 말이 사실인 것을 알면서도 '진짜'냐고 묻는 것, 상대의 말이 '진짜'가 아닐 수도 있다는 의구심을 내비치는 것 모두 진솔한 대화가 이루어지기를 바라는 마음의 표현이기 때문이다. 의심을 내비치는 충청도에서의 반응은 충청도식 화법과 어울려 더 깊은 공감과 사실 이해를 추구하는 것이기도 하다.

● **터는 화법과 접는 화법**

"~란 말임다."

함경도 사람과 대화를 하다 보면 처음에는 이 말만 들린다.

아주 빠른 데다 오르내림이 심해 알아듣기 어려운데, 모든 말의 마지막에 '3-1-1'의 억양으로 끝나는 이 말은 또렷이 들리기 때문이다. 이 문장을 표준어로 바꾸어 보면 말하고자 하는 내용을 죽 늘어놓은 뒤 "~란 말입니다"로 재확인하는 듯한 화법이다. 듣기에 따라서는 '네가 내 말을 잘 이해 못 하나 본데 내 말은 이러이러하다는 말이다'라고 재확인하는 것 같아 기분이 나쁠 수도 있다.

그러나 함경도 사람과 대화를 하다 보면 이런 화법 때문에 기분이 나빠지기보다는 뭔가 시원시원하다는 느낌이 든다. 이들은 대화를 시작하면 작정하고 나의 모든 것을 털어놓을 테니 상대도 모든 것을 있는 그대로 말하기를 바란다는 태도를 보인다. 이를 탁구 선수에 비유하자면 테이블에 바싹 붙어서 상대의 공이 넘어오자마자 바로바로 쳐서 넘기는 전진속공형 공격수라 할 수 있다. 상대의 말이 끝나자마자 생각할 겨를도 없이 바로바로 자신의 말을 하며 대화를 이어나간다.

"그려? 기여? 진짜여?"

"뭐~여~."

"그런가? 그런겨? 그러든지."

반면에 충청도 사람과 대화하다 보면 속이 터질 수도 있다. 말을 하기보다는 듣는 것을 택한 태도이다. 중간중간 반응을 보이기는 하는데 뭔가 의심의 눈초리를 보내는 듯하다. 수없이 많은 감정을 '뭐여'에 담아서 표현하니 상대가 헷갈린다. 뭔가 딱히 결정을 내리지 않고 네 마음대로 하라는 식의 '그러든지'로 표현한다. 이러한 화법 역시 탁구 선수에 비교하자면 '깎신'이라고 표현되기도 하는 극단적인 커트 전문 수비수라 할 수 있다. 공격은 하지 않고 상대의 실수만 바라는 것이나 자신의 속내는 드러내지 않고 상대의 의중만 탐색하는 모습이다.

탁구 경기에서 전진속공형과 커트 전문 수비형 중 어느 것이 좋다고 잘라 말하기는 어렵다. 보기에는 전진속공형이 시원시원해서 인기를 끌 수도 있지만 탁구 경기에서 중요한 것은 최종적으로 이기는 것이지 겉으로 드러나는 화려함은 아니다. 따라서 대부분의 선수들은 공격과 방어 기술 모두를 익혀 상황에 맞게 활용한다. 상대의 공세가 드셀 때는 전진속공으로 끊어 내기도 하지만 차분하게 상대의 공격을 받아 내며 결국엔 점수를 따내기도 한다.

대화에서도 마찬가지이다. 신솔한 대화가 필요한 상황에서는 '품은 생각을 터놓고 말할 만큼 아무 거리낌이 없고 솔직함'의 뜻을 가진 '허심탄회'가 최선이다. 상대의 말에 즉각 반응하면서 자신의 마음도 모두 털어놓는 것도 좋다. 그러나 대화를 전략적으로 해야 하는 상황에서는 허심탄회만이 정답인 것은 아니다. 자신의 속내를 감춘 채 상대의 의중을 파악해 그에 맞는 적절한 대응을 해야 한다. 특히 정치, 외교, 경제 등의 협상에서는 공격이 아닌 수비가 최선일 수도 있다.

빠르게 반응하면서 허심탄회하게 말하는 화법을 '터는 화법'이라고 한다면 자신의 속내를 감추고 느긋하게 반응하면서 말하는 화법을 '접는 화법'이라고 할 수 있다. 어느 화법이 정답이라고 잘라 말할 수 없으니 결국은 두 화법이 조화를 이루어야 한다. 그런데 말과 관련된 사고, 즉 설화(舌禍)는 대개 터는 화법에서 초래되는 경우가 많다. 말이 없으면 답답한 데서 그치지만 말이 많으면 그 집의 장맛도 쓰고 꼬투리 잡힐 일도 많다.

다소 비속한 표현이지만 '입을 털다'라는 표현이 있다. 마음을 터놓고 대화하는 것은 좋지만 마음이 아닌 입을 터는 것이라면 진중한 태도라 할 수 없다. 솔직한 마음을 있는 그대로 드러내는 함경도의 전진속공형 대화는 들을 때마다 기분이 좋다. 속내를 바로 알 수는 없지만 시간이 지날수록 그 깊은 속을 알 수 있는 충청도식 수비형 대화도 나쁘지 않다. 결국 바람직한 말매무새는 이들의 조화와 상황에 맞는 활용에서 찾아야 한다.

어휘와 표현– 찾아 쓰고 살려 써야 할 말

● 말 한마디와 천 냥 빛

"아니, 출출한 참에 부침개 해 준대서 왔더니 조선 반만 하게 부쳐서 접시를 깐난애기 손바닥걸이 뵈게 만들었네유. 짤러 먹을라구 가새를 달랬드니 읊으니께 기냥 한 번에 먹으라구유? 이걸 다 먹으문 몸이 무거워서 뭇 걸어 갈 틴디 그럼 택시 불러 줄 규?"

이 말을 짧게 한 문장으로 줄여 보자. 짧게는 "잘 먹겠습니다"이고 말하는 이의 표현법을 알아 그 의도까지 표현한다면 "배부르게 잘 먹겠습니다"이다. 누군가 이렇게 말한다면 이 사람은 어느 지역 사람일까? 의외로 말이 없어 답답한, 무슨 생각을 하는지 알 수 없이 늘 의뭉하게 말하는 충청노 사람이나. 이 사람은 상황에 따라 다음과 같이 다양하게 표현할 수 있다.

"이건 우리 애기 꺼쥬? 지껀 어딨슈?"

"눈에 자 달렸슈? 내 밥통 크기가 딱 보이나 보유?"

"나 혼잔디? 친구 몇 부를까유?"

부침개를 해 준대서 갔더니 부침개의 크기가 제각각이다. 첫 번째는 자신이 먹기에는 너무 작고, 두 번째는 딱 맞는 크기이고, 세 번째는 너무 큰 상황이다. 하고자 하는 말은 결국 차례로 '제가 먹기에 너무 작네요/딱 알맞네요/너무 크네요'이지만 다양하게 표현하고 있다. 전달하고자 하는 정보는 같지만 그것을 어떻게 표현할 것인가에서 차이가 난다.

대화는 정보를 주고받아 서로의 이해를 구하거나 주장을 펼쳐 서로를 설득하기 위해서 한다. 그리고 때로는 서로의 정서적 공감을 도모하기 위해 대화를 한다. 단순한 정보의 전달이 목적이라면 굳이 표현에 대해 따로 고민할 필요가 없다. 그러나 정보만 직접적으로 전달하기보다 다양한 표현으로 말하는 것이 훨씬 더 큰 효과를 발휘하는 경우가 많다. 부침개를 너무 크게 부쳐줘서 고맙다는 말을 장광설에 담아 전달한다면 피식 웃음이 나오기는 하지만 말하는 이나 듣는 이 모두가 기분 좋은 상황이 될 것은 분명하다.

『너에게 가마 나에게 오라』라는 제목의 장편소설이 있다. 이 제목에는 '너에게 간다'는 선언과 '나에게 오라'는 명령이 포함되어 있다. 어느 지역의 말이든 선언과 명령의 표현은 있지만, 대화에서 선언과 명령은 결코 좋게만 들리지 않는다. 그런데 함경도 말의 '내 오람까?'는 의지와 명령이 묘하게 조화를 이룬 표현이다. 평안도 말의 '기티디 말라요'는 '끼치지 말아라'를 거쳐 '남기지 마세요'를 지나 '많이 드세요'에 이르는데 그 표현이 절묘하다.

누군가 하는 짓이 마음에 들지 않을 때 그 사람에 대해 표현할 말이 필요하다. 바보, 멍청이, 병신, 등신 등 쓸 수 있는 말은 수없이 많지만 누군가에게 직접적으로 했다가는 문제가 발생할 수도 있다. 아름다운 미모의 여자나 멋진 모습의 남자에게도 '예쁘다'나 '멋있다'고 표현할 수도 있지만 이마저도 문제가 되는 상황이 있다. 방언을 뒤져 보면 이런 상황에 쓸 수 있는 적절한 표현이 있다. 말 한마디로 천 냥 빚 갚는다는 것은 너무도 오래된 속담으로 들리긴 하지만 적절한 방언 한마디로 모든 빚을 갚을 수 있는 상황도 있다. 그러한 멋진 표현은 말매무새를 가다듬는 데에도 많은 도움이 된다.

● 상남자의 츤데레 표현법

함경도 말의 "일 없습다"와 평안도 말의 "일 없시오"란 말을 처음 듣는 다른 지역 사람들은 자칫하면 기분이 상할 수 있다. 이 말을 표준어로 바꾸면 "일 없어" 또는 "일 없어요"가 된다. 반말체로 된 앞의 말은 퉁명스러운 남자의 말로 들리고 높임체로 된 뒤의 말은 새침한 여자의 말로 들린다. 어느 것이든 당신과 말을 섞기 싫으니 귀찮게 말을 걸지 말라는 의미가 된다. 그러나 평안도와 함경도의 이 말은 '문제 될 일이 없다'나 '괜찮다'

는 의미로서 신경 쓰지 않아도 된다는 뜻이다. 혹시라도 상대가 신경을 쓸까 봐 딱 잘라서 말하는 배려의 표현이니 기분 나빠할 이유가 전혀 없다.

이처럼 방언에서는 퉁명스러워 보이지만 자세히 들여다보면 따뜻함을 느낄 수 있는 표현이 많이 있다. 사실 상남자란 말이 남성성과 사람의 우열에 대한 평가가 개입되어 있어 썩 상쾌한 말은 아니지만 그중에서 너그럽고 호탕한 좋은 의미만으로 받아들이면 된다. 이러한 상남자의 향기는 경상도 말에서 많이 느껴지는데 다음의 노래에서 그 면모를 살펴볼 수 있다.

여: 오빠야 내랑 둘이 딱 있자 달달한 그 말
남: 자꾸 니 생각나고 심장이 터지 삐긋다
누가 니 괴롭히모 확 마 다 던지 삘끼다
이거 받아라 오다가 하나 주웃다
어울리모 하든가 아이모 남 주뿌라
니가 하면 다 예쁘지 뭐 뭔지는 잘 모린다
날씨가 춥다 이 짝으로 바짝 붙어라
와 이리 얇게 입었노 자 아나 내꺼 입어라
맑은 날도 니 아프몬 내한텐 얼룩인기라
감기 걸리면 화낼 끼다 얼른 앵기라

　　　　　　　　　　　　　　　　－ 술제이&조현영, 〈오빠야〉

일반적인 노래와는 성격이 많이 다른데 화끈하지만 배려심 많은 경상도 남자의 목소리로 들으면 그 느낌이 분명히 전해진다. 사랑하는 사람 때문에 심장이 터질 듯하다는, 사랑하는 사람을 괴롭히는 이가 있다면 던져 버리겠다는 직접적인 표현에서 호탕함이 느껴진다. 정성껏 산 선물을 주운 것이라 표현하는 것이 귀엽게 느껴지기까지 한다. 이런 표현은 누구나 할 수 있지만 굳이 경상도 남자의 목소리로 이 노래가 만들어진 이유는 경상도 말에서 그 특성이 가장 잘 느껴지기 때문일 것이다.

이 노랫말을 읽다 보면 정체가 좀 불분명한 표현이기는 하지만 '츤데레'의 느낌이 나기도 한다. 겉으로는 퉁명한 척하면서도 속으로는 배려의 마음으로 가득 차 있는 표현이 그렇다. 이런 츤데레식 표현은 다음의 전라도식 표현에서도 잘 느껴진다.

"아그들 밥 잘 묵읍디여? 겨울에는 실가리가 질로 좋아. 섣달그믐날 개밥 퍼 주듯이 줘 불랑게. 사쇼."

말을 하는 이는 시장에서 시래기를 파는 상인인네 찾아온 손님에게 아이들의 안부를, 그것도 밥을 잘 먹는지 묻는다. 그리고는 섣달그믐날에 개에게 밥을 왜 많이 퍼 주는지는 모르겠지만 그 푼푼한 마음씨가 느껴진다. 그저 물건을 팔기 위한 장삿속일 수 있으나 아이들에 대한 안부, 좋은 물건을 많이 줄 테니 사라는 마음을 투박하게 담아낸다.

"기티디 말라요."

평안도 사람은 무엇을 명령하는 것일까? '기티다'는 표준어에는 '끼치다'로만 남아 있고 '소름이 끼치다'나 '영향을 끼치다' 정도에만 쓰인다. 이 말은 본래 '남기다'의 뜻이었고 평안도에서는 여전히 그 뜻으로 쓰인다. 그런데 이 말은 어떤 상황에서 어떤 의미로 쓰이는 것일까? 손님에게 음식을 대접할 때, 사랑스러운 자녀나 손주에게 음식을 먹일 때 쓰는 말이다. 전하고자 하는 정보는 '많이 먹어'인데 조금 다른 방식으로 표현하는 것이다.

이처럼 표준어에는 없고 방언에 있는 표현들은 말하는 이와 듣는 이 모두가 행복할 수 있는 말매무새에 많은 영향을 끼칠수 있다. 이 말을 표준어로 하면 "남기지 마세요"가 되는데 느낌이 확연히 달라서 마치 설거지하기 귀찮으니 남기지 말라고 하는 것처럼 들린다. 방언은 투박하고 세련되지 못하다는 선입견이 있으나 어느 방언이든 찬찬히 들여다보면 거친 듯, 투박한 듯하면서도 깊은 속내가 느껴지는 표현들이 있다. 이런 표현법들을 말매무새에 잘 활용한다면 좋을 것이다.

● **솜털 같은 부드러운 표현법**

"내 오람까?"

이 말을 이해하려면 함경도 방언에 대한 지식이 꽤나 필요하다. 생략된 말까지 다 포함시켜 이 말을 표준어로 바꾸면 "(저는 당신에게 갈 일이 있어 준비가 다 되었습니다.) 그런데 당신이 나에게 오라 하십니까? (그러면 바로 가겠습니다)"란 뜻이 된다. 표준어로 짧게 표현하자면 "갈게요"인데 이 말과는 말맛이 사뭇 다르다. 함경도 말도 어차피 가겠다는 의지의 표시이지만 그 결정을 상대에게 맡긴다. 내가 가고자 하지만 그 결정은 당신이 하는 것이고 나는 그 결정에 따를 준비를 하고 있다는 뜻을 이 짧은 말에 담아 내고 있는 것이다.

말은 누군가에게 다가가기 위한 첫 단계이다. 다가가는 것은 자신의 의지에 따른 것인데 이 의지가 상대의 의지와 일치될 때 서로의 관계가 맺어지고 진척될 수 있다. 이때 나의 생각, 나의 필요만으로 상대에게 다가가는 것이 아니라 상대의 의지와 결정을 묻는 표현이다. 이렇게 다가선다면 그 관계가 처음부터 부드럽게 되는 것은 당연한 일이기도 하다. 이러한 부드러운 표현은 방언에서 여럿 찾아볼 수 있다.

"으이구 이 시절아."

충남 서해안 지역에 가면 흔히 듣게 되는 말 중의 하나가 '시절' 혹은 '시저리'이다. 이 말은 "개 좀 시저리 같지 않어?"처럼 쓰기도 해서 이 지역 사람들마저 이 단어의 본래 형태가 '시절'인지 '시저리'인지 잘 모른다. 어느 쪽이든 좀 어리숙해 보이는 사람에게 쓰는 말인데 그렇다고 오로지 비하하거나 바보, 멍청이 취급을 하는 것은 아니다. 진짜 멍청한 이에게는 '병신'보다 더 느낌이 강한 '등~신'을 쓰니 이 말은 어리숙한 것을 책잡기는 하더라도 한구석에는 관심과 애정을 담은 표현이다.

사람에 대한 부정적인 표현은 말을 무기로 하는 폭력이 될 수 있다. '바보'는 그나마 괜찮지만 '멍청이'부터는 도가 점점 심해지고 '병신(病身)'은 병이나 장애를 꼬투리로 상대를 비하하는 말이 될 수 있어 조심스럽다. 방언에서는 이렇게 자연스럽게 돌려 씀으로서 불필요한 오해나 충돌을 피하기도 한다. 이러한 사례는 사람의 외모나 느낌에 대한 표현에서도 찾아볼 수 있는데 다음이 그 대표적인 예이다.

"그 집 애는 참 귄있어."

이 표현 속의 '귄'은 사전에는 올라 있지 않은 말이다. 발음할 때 똥그란 입술의 모양이 변하지 않고 단숨에 발음하는 전라도 지역에서만 쓰이는 말이기도 하다. 이 표현은 단순히 외모나 성격에 대해서만 묘사하는 것은 아니다. 모나지 않은 외모에 하는 짓이 예뻐서 마음에 쏙 들고 그래서 안 보면 보고 싶은 그런 아이나 젊은 여성에게 쓴다. 외모, 행동, 성격 등을 종합해서 누구에게나 사랑을 받을 수 있는 대상에게 쓰는 말이다. '예쁘다, 아름답다, 섹시하다' 등 누구나 듣고 싶은 말이라도 직접적으로 하는 것은 꺼려진다. 그런데 이 말은 문제의 소지를 모두 덜어 내고 대상에 대한 참된 마음을 담아서 쓸 수 있는 말이다.

'거시기' 또한 직접적인 표현을 배제함으로써 부드럽게 표현할 수 있는 방법으로 쓰일 수 있다. 많은 이들이 '거시기'가 전라도 말인 것으로 생각하지만 표준어이고 사전에도 올라 있다. 그러나 "거식아, 나가 그때 거시기를 겁나게 거시기해서 니가 좀 거시기허지 않았냐"와 같은 말은 틀림없는 전라도 말이다. 현장에서 이 대화에 참여하지 않는 한 '거시기'가 무엇을 가리키는지 알 수는 없지만 맥락만 안다면 "태수야, 내가 그때 혜린이를 많이 짝사랑해서 네가 좀 안타까워 하지 않았냐"로 알아들을 수 있다.

'거시기하다'는 긍정적인 의미보다 부정적인 의미가 훨씬 강하지만, 그 부정적인 느낌을 완화해 표현할 수 있는 장점이 있다. '거시기하다'를 표준어의 일반적인 표현으로 바꾸면 '그렇다'이다. "오늘은 기분이 좀 그래"나 "걔는 성격이 좀 그래"라는 말은 기분이나 성격이 썩 좋시는 않다는 느낌을 준다. 그렇지만 직접적인 표현은 배제한 채 뭉뚱그려 표현하는 '그렇다'나 이와 같은 의미인 '거시기하다'는 느낌은 드러내되 직접적인 언급은 하지 않음으로써 적절한 효과를 내고 있다.

많은 이들이 방언은 좀 '거시기하다'는 느낌을 가지고 있다. 세련되게 표현하려고 할 때 방언을 쓰는 건 좀 '그러니' 딱 떨어지는 표준어를 써야 한다고도 생각한다. 그러나 그것은 어디까지나 만들어진 선입견일 뿐이다. 때로는 짠하게도 느껴지는 방언, 때로는 징하다고 느껴지는 방언들을 적재적소에 살려 쓰면 솜털 같은 부드러운 효과를 누릴 수 있다.

● 마카 항꾼에 도르라

두렁청이 어드레 가젠 햄시냐 (급하게 어딜 가려고 하는거야?)
곱들락 허게 촐려입어그네 이드레 와그네 (예쁘게 차려입고 여기로 와서)
느영나영 모다들어그네 터졍 도르게 (너랑나랑 함께 모여 신나게 달려 보자)

– 사우스 카니발, 〈몬딱 도르라〉

제주도에서 활동하는 그룹 사우스 카니발의 〈몬딱 도르라〉는 뭍의 사람들은 물론 제주도의 젊은 사람들도 이해하기 힘들다. 그도 그럴 것이 처음부터 끝까지 제주도 말의 특징이 잘 드러나는 표현으로만 노랫말을 만들었기 때문이다. 제주도 말, 나아가 방언의 특징을 극대화한 시나 노랫말은 방언을 알리는 효과도 있지만 방언은 어렵다는 선입견이나 방언에 대한 거부감을 심어 줄 수도 있다. 그러나 이는 극히 일부의 사례일 뿐이다.

방언이나 시를 이렇게 표준어와 완전히 딴판인 말로 쓰는 일도 없고 방언이 표준어와 완전히 다른 것은 아니기 때문이다.

"안녕하시우야. 마카 반갑소야."

강릉의 어느 마을을 지나다 이런 플래카드를 보았을 때 관심을 갖는 만큼 그 문구가 읽힌다. 어미가 좀 낯설기는 하지만 첫 마디는 '안녕하십니까'일 테고 마지막 마디는 '반갑습니다'일 것이다. 결국 남는 것은 '마카' 하나인데 이마저도 맥락을 통해 '모두'나 '매우' 정도의 뜻으로 추론해 볼 수 있다. '마카'는 강원도나 경상도 지역에서 '모두'의 뜻으로 쓰이는데 제주도 말의 '몬딱'과도 통한다.

"아따, 항꾼에 살아야 좋제!"

이 말은 또 어떤 뜻일까? '아따'는 전라도 방언에서 자신의 느낌을 강하게 표현할 때 쓰는 말이다. '항꾼에'는 맥락을 통해서 '함께'의 뜻이라 추론할 수 있는데 말소리도 묘하게 닮은 점이 있다. '함께'나 '항꾼에'나 모두 하나를 뜻하는 '호'과 '때(時)'를 뜻하는 'ᄢ'가 결합한 '혼ᄢ'에 뿌리를 두고 있다. '혼ᄢ'에서 'ㅂ' 소리가 살아서 발음됐을 때는 '혼'의 받침 'ㄴ'이 'ㅂ' 소리와 비슷해지면 '함께'가 되고, 'ㅂ' 소리가 사라진 뒤에는 'ㄴ'이 'ㄲ' 소리와 비슷해지면 '항께'가 된다. '항꾼에'는 '항께'가 변한 것이고 '함께'도 빨리 발음하면 '항께'이니 결국 같은 뿌리에서 조금 다른 길을 걸어온 말일 뿐이다.

'마카'와 '항꾼에'는 방언을 바라보는 시각을 바꿀 수 있는 단어이기도 하지만 방언을 통해 말매무새를 바룰 수 있는 단어이기도 하다. 우리의 말을 '마카 항꾼에' 바라보면 각 지역의 말이 서로 통하고 각 지역의 말에서 바람직한 말매무새에 필요한 단어와 표현을 골라 쓸 수 있다. 말뿐만 아니라 사람에 대해서도 마찬가지이다.

"우리가 남이가?"

"우덜끼리 잘 해 봐야지."

'나'와 '너'가 모이면 '우리'가 되고 이를 굳이 복수로 나타내자면 '우리들'이 된다. 이 말은 사람들을 마카 항꾼에 포용하는 의미이기는 하지만 그 범위를 어떻게 잡느냐에 따라 의미가 확연히 달라진다. 이 중 앞에 쓰인 사례는 '남이가?'에서 알 수 있듯이 경상도 지역의 말이고 이때의 '우리'는 경상도 지역 혹은 자신들과 정치적 입장을 같이 하는 사람을 가리킨다. 따라서 이때의 우리는 포용의 의미가 아닌 그어 놓은 범위 밖의 사람을 배제하는 말이다. 뒤의 사례는 충청도나 전라도 지역의 말인데 이 말 역시 남들을 배제한 채 속된 말로 '다 해 먹겠다는' 의미이다.

'우리'나 '우덜'이 이런 식으로 사용되면 '너희들/저희들'과 '느덜/즈덜'이 자동적으로 정해진다. 이 말은 전형적인 편 가르기의 말이자 배제의 말이다. 이런 말이 정치판에서 남용되면서 뿌리 깊은 지역감정을 야기하기도 하고 끝없는 정쟁의 시발점이 되기도 한다. 이 문제의 해결책은 '마카 항꾼에 도르라'이다. '모두 함께 달리며' 소통해도 부족한 시점에 편을 가르기 위한 말로 갈등할 이유가 없다. 사람뿐만 아니라 말 또한 그러하다. 이 땅의 모든 말이 모두 함께 달리면서 말매무새를 만들어 간다면 그것이 모두 함께 통하며 서로를 깊이 느낄 수 있는 계기가 될 것이다.

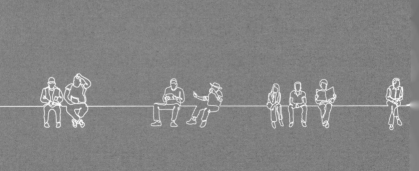

2

말투
—
말의 주인

오빠 나만 바라봐 바빠 그렇게 바빠

아파 마음이 아파 내 맘 왜 몰라 줘

오빠 그녀는 왜 봐 거봐 그녀는 나빠

봐 봐 이젠 나를 가져 봐 이젠 나를 가져 봐

- 왁스, 〈오빠〉

누군가 이렇게 말을 하는 것을 보고 듣는다고 가정하자. 눈
으로 말하는 이가 젊은 여성임을 확인할 수 있고, 귀로도 젊은
여성의 목소리를 들을 수 있다. 같은 말을 귀로만 듣는다고 해
도 목소리만으로 말하는 이가 젊은 여성일 것이라 추측할 수
있고 대개는 맞아떨어진다. 그렇다면 오로지 눈으로 글을 읽어
야 할 상황에서는 어떠한가? 모습이 안 보이고 목소리가 안 들
려도 이 말을 하는 이는 틀림없이 여성이다. 내용을 파악해 가
면 갈수록 어떤 남성에게 사랑의 마음을 느끼고 있는 이 여성
이 젊은 축에 속한다는 것을 알 수 있다. 그리고 더 자세히 읽

으면 이것이 일상적인 말이 아니라 노랫말이나 시일 것이라 추측할 수 있다.

어떻게 그것이 가능한가? '오빠'라는 단 하나의 단어에서 말하는 이와 듣는 이는 결정된다. 친오빠에게 사랑 고백을 할 리는 없으니 상대는 물론 '아는 오빠'이다. 사랑 고백이야 나이를 불문하고 할 수 있지만 '이젠 나를 가져 봐'라고 말하는 것으로 보아 이 여성은 어린 티는 벗은 상태일 것이다. 자신보다 나이가 많은 상대에게 반말투로 애교 있게 말하는 것으로 보아 이 여성은 젊은 여성일 가능성이 높다. '그녀'가 등장하는 것으로 보아 일상적인 대화는 아니다. 일상적인 대화가 반영된 글이라면 '걔, 그 언니, 그 여자'가 등장해야 하고, 말로만 듣는다면 '그녀는'이 '그년은'으로 들려야 한다.

말은 하는 이와 듣는 이, 그리고 그들이 처해 있는 상황에 따라 달라진다. 정상적인 상황이라면 말하는 이는 자신과 상대의 나이, 성별, 관계 등의 다양한 변수를 고려해 말을 한다. 말하는 이의 나이나 성별은 고정되어 있지만 상대가 누구냐에 따라 다양한 조합이 이루어지니 그 조합에 따라 말이 변화무쌍하게 달라진다. 이뿐만 아니라 이 말이 개인적인 대화인지 공식적인 상황에서의 발화인지도 고려한다. 이런 모든 조건에 따라 말이 이루어지니 말만으로도 말하는 이와 듣는 이, 그리고 그들의 상황까지 파악이 된다. 〈오빠〉란 노래를 젊은 여성 가수

왁스가 부르지 않아도 가사 몇 줄로 모든 상황이 파악되는 이유가 여기에 있다.

생각을 하고 언어를 사용하며, 도구를 만들어 쓰고 사회를 이루어 사는 동물이 있다. 이 동물을 '사람'이라고 부르는데 사람은 여러 부류가 있다. 어린이가 있는가 하면 '자란이(어른)'가 있고, '선스나(남자)'가 있는가 하면 '에미나(여자)'가 있다. 또한 각종 도구를 써 일을 하는 '막일꾼'이 있는가 하면 머리를 싸매고 책만 읽는 '책상물림'도 있다. 이 동물, 아니 사람은 말을 한다. 어릴 때 말을 배워야 자라서도 말을 할 수 있다. 선스나와 에미나가 말로 서로 통해야 사랑을 하고 가정을 꾸리고 다음 세대를 낳아 사회를 유지해 나갈 수 있다. 책상물림들은 말과 글로 먹고사는 이들이고 막일꾼들 또한 어떤 도구보다 말을 잘 활용해야 일을 효과적으로 할 수 있다.

그런데 이들의 말이 조금씩 다르다. 각각의 말을 '말투'라 하는데 어린이와 자란이의 말투는 분명히 다르다. 선스나와 에미나는 물론 막일꾼과 책상물림의 말투도 다르다. 사람이 열이면 말투도 열이니 다른 것은 어쩌면 당연하다. 문제는 말투의 다름이 아니라 다름에 대한 태도이다. 자란이는 어린이의 말이 버릇없다고 여기고 어린이는 자란이의 말이 고리타분하다고 생각한다. 선스나는 에미나에게 수다스럽다고, 에미나는 선스나에게 거칠다고 말한다. 책상물림은 막일꾼의 말을 못 배운 사람들의 말이라고 하고 막일꾼은 책상물림의 말을 젠체하는 말이라고 한다.

그러나 이 태도는 기울어진 운동장에서 비롯한 것이다. 자란이의 말, 남자의 말, 책상물림의 말이 단지 다른 말이 아니라 더 좋은 말이라는 편견 혹은 선입견 때문이다. 자란이는 늘 어린이를 꾸중하니 어린이의 말은 버릇없는 말이고 자란이의 말은 옳은 말인 것처럼 되어 버린다. 선스나는 힘으로 에미나를 억누르니 에미나의 말은 하찮은 수다로 취급을 받는다. 책상물림은 더 많이 배웠다는 이유로 막일꾼을 무시하니 치열한 삶의 현장에서 쓰이는 말은 무식한 말 취급을 받는다. 말을 보고 듣는 이가 '좀 배운 성인 남자'라면, 그리고 〈오빠〉 속의 주인공이 아니라면 이 노랫말을 철이 덜 들어 버릇이 없는 여자의 천박한 말투라 여기기 십상이다.

이러한 편견 혹은 선입견은 말 자체에 대한 판단이 아닌 사회적 권력에 따라 조장되는 경우가 많다. '많이 배운 성인 남자'는 성별, 연령, 계층으로 조합할 수 있는 여섯 가지 중 하나이지만 사회적으로는 가장 높은 자리에 군림하고 있다. 그리고 이 사회적 지위로 어린이, 여자, 많이 배우지 못한 이들을 지배하려 할 뿐만 아니라 이들의 말까지도 억압한다. 말의 표준이나 언어 예절도 이들이 주축이 되어 제정하다 보니 이들이 하는 말, 혹은 이들이 옳다고 생각하는 말이 곧 바른 말로 강요되고 그 외의 말은 그릇된 말로 취급된다. 그리고 권력을 가진 이들이 말의 주인인 양 행세한다.

사람만이 말을 하니 말을 해야 사람이고, 모든 사람이 말을 하니 말은 모든 사람의 것이다. 어린이나 자란이, 선스나와 에미나, 막일꾼과 책상물림 모두 사람이다. 사람만이 말을 하는데 어린이와 자란이 모두 사람이니 어린이와 자란이 모두가 말의 주인이다. 선스나와 에미나, 막일꾼과 책상물림도 마찬가지 논리로 모두가 말의 주인이다. 모든 사람이 말의 주인이니 애초에 말의 주인이 누구인지 논할 필요가 없다. 이처럼 단순한 양분법과 삼단논법에서 출발하면 비로소 '말의 주인'에 대한 결론에 도달할 수 있다. 이 땅의 모든 이들은 말의 주인이다.

그러나 말의 주인들이 이런 기본적인 사실을 잊고 있으니 이 결론부터 못을 박는 것이 필요하다. 어린이가 있어야 커서 자란이가 되고 에미나가 있어야 선스나란 말도 존재힐 수 있으니 각각은 존재는 동전의 앞뒷면처럼 떼려야 뗄 수 없는 관계이다. 그리고 도구를 써 막일을 하는 사람과 머리를 써 글공부를 하는 사람이 있어야 사회가 돌아가니 서로를 위해 없어서는 안 될 존재들이다. 모두가 말의 주인인데 서로의 말에 대해서 옳고 그름을 논하는 것은 옳지 않다. 그럼에도 불구하고 특정 집단의 말에 대한 옳고 그름이 선입견이나 편견으로 존재하는 것이 현실이다.

그런데 이러한 인식과 행동을 부정적으로 바라보는 것 또한 편견이나 선입견일 수 있으니 있는 그대로의 현실을 들여다보는 것이 먼저다. 사람마다 말이 다르다면 사람의 부류를 어떻게 나눌 것인가를 먼저 결정해야 한다. 누구나 가지고 있는 기준인 나이, 성별, 계층 등의 기준 외에 더 필요한 기준은 무엇인가? 사람마다 말이 다르다면 얼마나 다른지 판단할 수 있는 방법도 필요하다. 또한 구체적으로 어떻게 다른지도 밝혀야 할 필요가 있다. 비교할 대상이 설정되고 비교할 내용과 비교의 척도가 바로 세워져야 다름과 그 다름에서 출발한 인식과 행동에 대한 평가가 가능하다.

언어를 연구하는 이들은 이러한 문제를 사회 언어학이라는, 시작된 지 그리 오래지 않은 분야에서 다룬다. 이 분야에서는 말의 차이를 유발하는 변수를 찾기 위해 노력한다. 가장 먼저 제시된 것은 '계층'이다. 신분제 사회에서는 이 계층이 매우 뚜렷하고 그렇지 않더라도 상류계층과 하류계층의 구분은 늘 있게 마련이니 이에 따른 말의 차이도 인지된다. 그 다음으로 성(性), 연령, 종교, 인종, 민족 등이 변수로 제시된다. 성은 남녀로 명확하게 구별되고 그에 따른 말의 차이도 느껴지니 만만한 변수이다. 연령은 경우에 따라 작게는 10년 단위로 나눌 수도 있고 크게는 '신세대'와 '기성세대'로 양분할 수도 있다. 종교, 인종, 민족 등도 특정 사회에서는 중요한 분별 기준이 되기도 하니 연구자의 목적에 따라 얼마든지 선택할 수 있는 변수이기도 하다.

그런데 오늘날의 우리 사회에는 계층이 존재하기는 하지만 명확하지가 않다. 조선시대에는 양반과 상민의 구별이 있었지만 오늘날에는 무의미한 기준이다. 그렇다고 이를 대체할 만한 명확한 기준도 없다. 상대적인 기준으로 상류층과 하류층을 나눌 수 있고 '중산층'이란 표현도 흔히 쓰이지만 그것을 명확히 나눌 기준도 없을 뿐만 아니라 그에 따른 말의 차이를 밝히는 것은 더 어렵다. '블루칼라'니 '화이트칼라'니 하는 기준을 들여와 '생산직'과 '사무직'으로 나눌 수는 있어도 그것이 말의 차이까지 확연히 밝힐 만한 기준은 되지 못한다. 그 결과 사회 언어학에서 가장 널리 활용되는 '계층' 변수는 우리 사회에서는 별로 유용하지 않다. 다만 직업이 계층과 밀접한 관련이 있고 직업에 따른 말의 차이는 확연히 느껴지는 경우가 많으니 직업에 따른 말투 관찰은 매우 유용하다.

성(性)은 생물학적인 기준으로 명확히 구분되니 우리 사회에서도 말의 차이를 밝히는 기준으로 쓰기에는 전혀 무리가 없다. '머슴애 말투'니 '계집애 말투'니 하는 표현도 쓰이고, '남자답게' 혹은 '여자답게' 말하라는 말도 자주 들리니 성에 따른 말의 차이가 있는 것은 분명하다. 그런데 문제는 '어떻게'와 '얼마나'에 있다. 성에 따른 말의 차이가 있는 것은 누구나 아는데 그것을 확연한 차이가 드러나도록 밝히는 것이 쉽지 않다. 귀에는 들리지만 그 차이를 눈으로 볼 수 있게 밝히기는 어려운 게 문제이지만 반드시 짚고 넘어가야 하는 기준이기는 하다. 더욱이 우리 사회에 이 변수에 따른 갈등이 첨예하고 그 원인 중 일부가 말과 관계가 있다면 더더욱 그러하다.

연령은 기준도 분명할 뿐만 아니라 말의 차이도 가장 많이 느껴지는 변수이다. 일정하게 흐르는 시간 속에서 모든 사회 구성원은 각각의 세대를 경험하게 되니 연령에 따른 집단 구분은 어떤 방식으로든 존재하기 마련이다. 이것을 절대적인 기준으로 나이별로 나누거나 상대적인 기준으로 신세대와 기성세대로 양분하는 것은 연구자의 선택일 뿐이다. 연구자뿐만 아니라 각 집단의 구성원들도 집단 간의 어휘, 표현 등의 차이를 비교적 쉽게 인지하기도 한다. 더욱이 우리말에는 높임법이 발달해 있고 높임의 대상을 결정하는 중요한 기준이 연령이니 가장 민감한 변수이기도 하다.

말을 하는 상황도 매우 중요한 변수로 작용한다. 허물없이 지내는 대상일지라도 일상적인 자리에서 만날 때와 공식적인 자리에서 만날 때의 말투는 확연히 달라진다. 같은 사람이 말을 하더라도 주의 깊게 말하는가 긴장을 풀고 말하는가에 따라서도 말투가 달라진다. 여러 외적인 조건과 관계없이 서로 간의 친밀도 또한 말투 형성에 영향을 미친다. 결국 말투는 이 모든 것의 조합으로 결정된다.

이러한 모든 변수에 따라 말투의 차이가 나타나는 것은 분명하지만 이 차이 역시 공통점에 바탕을 두고서만 언급될 수 있다는 점은 분명히 해 둘 필요가 있다. 모든 말투의 차이는 기본적인 소통이 가능한 상태에서 대화 참여자의 정체성을 드러내기 위해 결정되는 것일 뿐이다. 그리고 이 정체성은 상대를 배제, 비하, 폄하하기 위한 것이 아니라 대화가 원활하게 이루어지게 하기 위한 것이다. 말을 주고받는 모든 이가 말의 주인이니 그들이 쓰는 말투 하나하나를 소중히 여기며 들여다볼 필요가 있다. 그래서 그 말투의 이유를 밝혀낸다면 그 또한 말매무새를 다듬는 재료가 될 수 있을 것이다.

연령과 세대의 말투 - '옥떨메' 아재의 생명력

● 시간과 세대의 변증법

노인을 위한 말은 없다. 나이를 먹어 가면서 아이 때 쓰던 말투는 점점 줄어들고 나이에 맞는 말을 쓰게 되지만 그 말투가 근본적으로 변하는 것은 아니다. 어릴 적에 배운 말은 뼈에 각인돼 평생을 간다. 아이를 위한 말도 없다. 세상에 태어난 아이는 귀가 트이기 시작하면서부터 들려오는 말을 통해 자신의 말을 구축해 나간다. 부모나 주변 사람이 말을 열심히 가르친다지만 발음, 단어, 문법을 체계적으로 가르치는 것이 아니니 아이 스스로 터득해 나가는 것이다. 이처럼 먼저 태어나 세상을 살아가고 있는 이들로부터 아이의 말이 형성된다. 어른의 말이 아이의 말이 되고 아이의 말이 평생 지속되어 노인의 말이 된다.

아이와 노인을 위한 말이 따로 없다는 것은 사실이지만 시간과 세대에 따른 말의 차이를 감안하면 묘한 논리적 모순에 빠지게 된다. 시간의 흐름에 따라 말이 변한다는 것, 같은 시대를 살고 있다 하더라도 세대에 따라 말투가 다르다는 것은 누구나 안다. 아이는 어른의 말을 통해서 배우고 아이 때 배운 말이 노인이 되어서도 뼈대를 이루니 말은 변화가 없어야 하고 동시대를 살아가는 사람들 사이에서도 말의 차이는 없어야 한다. 그러나 그렇지 않다. 아이와 노인의 말이 다르고 10년 전과 오늘날의 말이 다르다. 단순한 논리와 있는 그대로의 현실 사이에 괴리가 있다는 것이다.

노인들은 '애' 다르고 '에' 다른 것을 안다. '개'를 먹는 어른들을 혐오하는 아이들이 많으니 아이들에게는 '게'를 사 줄 때는 '개'와 명확하게 구별해서 말한다. 그러나 어찌 된 일인지 아이들은 '개'와 '게'를 구별해서 듣지도, 말하지도 못한다. 노인들은 같은 말이라도 길고 짧음에 따라 뜻이 달라지는 것을 안다. 노인들은 '눈'이 내리는 날 '밤'을 먹을 때 '눈'과 '밤'을 모두 길게 발음해 사람의 눈이나 깜깜한 밤과 구별한다. 그러나 아이들은 얼굴에 있어야 할 것이 하늘에서 내릴 때 깜깜한 어둠을 먹는 것처럼 말한다.

채 백 년이 안 되는 시간에 '애'와 '에'의 구별, 길고 짧은 것의 구별이 없어졌으니 이 변화의 양쪽에 걸친 이들이 동시대를 살아간다. 말에 민감한 누군가는 '꼰대'가 되어 이런 차이를 구별하지 못하는 아이를 훈계하며 정확한 발음을 가르치려 한다. 하지만 대부분의 사람들은 맥락으로 이해할 수 있으니 굳이 지적질을 하거나 바로잡으려 하지 않는다. 사실 아이들이 말을 배울 때 어른들이 이런 구별을 명확하게 하지 않으니 아이들도 대충 배운 것이고, 구별하지 않고 대충 말해도 어른들이 알아들으니 굳이 구별하려고 애쓰지 않은 것이다.

이렇듯 은연중에 일어나는 말의 변화와 세대 간의 말의 차이는 모든 세대가 공모해서 나타난다. '아' 다르고 '어' 다른데 아이가 구별하지 못했다면 '암머'와 '어뻐'라고 불릴 엄마 아빠가 눈에 불을 켜고 가르쳐 바로잡았을 것이다. 그러나 '애' 다르고 '에' 다른 문제는 큰 문제가 아니고 자신들도 구별의 필요성을 느끼지 못했으니 엄격하지 않았다. 말이 길고 짧은 것 역시 중국어의 성조만큼 중요했다면 반드시 가르쳤겠지만 굳이 그럴 필요를 느끼지 못했으니 자신들도 대충 말하다가 아이들까지 '오염'시킨 것이다. 아이와 어른이 공모해서 만든 변화와 차이이기 때문에 대부분의 사람들은 잘 인지하지 못할 뿐만 아니라 인지하더라도 특별한 문제라 여기지 않는다.

그런데 단어와 표현을 비롯한 말투의 차이는 누구나 쉽게 인지할 수 있기 때문에 시빗거리로 삼기에 충분하다. 피를 나누지 않은 손위의 남자를 '오빠'라 부르는 것은 그런 호칭을 쓰지 않는 이들의 귀에 바로 거슬리게 들린다. 한자를 잘 모르는 젊은이들은 '오늘'이라는 고유어를 두고 굳이 '금일(今日)'이라고 말하는 걸 들으면 장벽을 느낀다. 모든 상대를 위와 아래로만 나누어 '해'와 '해요'만을 쓰는 젊은 세대와 '하십시오, 하고, 하게, 해'로 복잡하게 나눠 쓰는 나이 든 세대는 서로의 말끝에 대해 불편해하기도 한다.

단어와 표현 중 가장 첨예한 대립이 있는 것은 신조어, 특히 줄임말로 이루어진 신조어이다. 언어 오염, 언어 파괴, 국어 위기 등 언어와 관련된 문제를 지적할 때마다 가장 먼저 제시되는 것이 줄임말 신조어이다. 오죽하면 이런 공익광고가 만들어졌을까?

여1: 이건 킹리적 갓심이라고!(자막: 이건 합리적 의심이라고!)
여2: 넌 갈비야.(자막: 넌 갈수록 비호감이야.)
여1: 이런다고 쌉사블할 줄 알아요?(자막: 이런다고 당신 사랑이 이루어질 거 같아요?)
남: 이건 스불재야.(자막: 이건 스스로 불러온 재앙이야.)
내레이션과 자막: 번역이 필요한 해석 불가능 시대. 신조어 남용, 소통의 장벽이 될 수 있습니다.

광고에서는 직접적으로 언급되지 않았으나 이런 줄임말은 신세대의 전유물로 치부되는 것이 일반적이다. 이 광고는 자연스럽게 '요즘 젊은 것들은……'이란 반응을 이끌어 낸다. 반면에 구세대의 말은 어려운 한자어를 비롯한 고리타분한 표현, 혹은 재미없는 아재 개그를 지적받는다. 그런데 한자어를 지적하는 것은 세대에 대한 비판이라기보다는 애국심 혹은 민족의식에 대한 것이어서 신세대에 대한 비난과는 결이 다르다. 아재 개그 또한 언어에 대한 근본적인 문제를 지적하는 것이 아니라 재미가 없어 분위기를 썰렁하게 한다는 것에 대한 문제제기일 뿐이다. 결국 언어와 관련한 비난은 늘 신세대에게 늘 일방적으로 적용된다.

언어 문제에 대한 세대 간 갈등과 문제점을 지적하기 전에 세대 간의 언어 차이가 발생하는 원인 파악이 필요하다. 언어의 변화는 세대가 공모하지만 그 변화는 태생적으로 신세대가 주도할 수밖에 없다. 지켜야 할 것이 많은 구세대는 보수적이 되고 쟁취해야 할 것이 많은 신세대는 진보적이 된다. 말에 대한 태도 또한 이와 유사해서 구세대는 나이가 들어 감에 따라 굳어진 말투를 유지하려 하고 변화 시도를 거부한다. 반면에 신세대는 말을 배우면서 자신의 취향대로 취사 선택해 배우려고 하고 자신들만의 언어 세계를 만들려고 한다. 이러한 자연스러운 과정이 반복되면 동시대를 살아가는 세대 사이에도 언어 차이가 나타나고 이것이 쌓여 시간의 흐름에 따른 변화가 된다.

노인을 위한 말, 아이를 위한 말은 따로 없지만 서로가 교류하면서 서로의 지향대로 자신들의 말을 형성해 나간다. 서로 간에 합의나 약속이 이루어진 적은 없지만 말을 가르치고 배우면서 은연중에 세대끼리 공모해 변화를 이끌어 낸다. 이러한 자연스러운 과정에서 세대 간의 말 차이가 나타난다. 그러니 지극히 자연스러운 이 과정과 그로 인한 차이가 차별로 나아가거나 갈등으로 번지지만 않으면 된다. 대부분 세상에 올 때는 아이로 오고 노인으로 세상을 떠난다. 대부분 아이의 말을 쓰며 성장하고 노인의 말을 쓰다 생을 마감한다. 아이와 노인을 위한 말은 따로 없지만 그 말들이 공존하는 이유가 여기에 있다. 같은 시간에 모든 세대가 공간을 나누어 살지만 모든 세대가 각각의 시간을 차례로 경험하니 그렇다.

● 어린이의 '권'과 큰이의 위엄, 그리고 '자란이'의 품격

많은 사람들이 세대 간에 언어 차이가 크다고 생각한다. 그런데 구체적으로 어떤 것이 얼마만큼 차이가 있는지 밝혀 보라고 하면 말문이 막히는 경우가 많다. 언어를 연구하는 이들도 상황은 크게 다르지 않아 세대 간의 언어 차이에 대한 연구는 손에 꼽을 징도이며 그나마 결징직인 차이로 제시된 깃은 찾아보기 어렵다. 이는 각 세대 간에 언어 차이가 심각하다는 것은 '느낌적 느낌'일 가능성을 제시한다. 몇 가지 인상적인 사례들로 차이가 크다는 인식을 갖게 되지만 실제로는 거의 모든 것이 같고 극히 일부만 차이가 있을 뿐이다.

그럼에도 불구하고 세대별 언어의 특징을 살펴보기 위해서는 세대 구분이 먼저 이루어져야 한다. 가장 흔한 세대 구분법은 상대적인 기준으로 신세대와 구세대로 나누고 그 사이에 중간 세대를 두는 것이다. 그러나 현실에서는 신세대를 '간나'로, 구세대를 '노털, 쉰세대'로, 중간 세대를 '낀세대'라고 부르는 등 폄하하는 경우가 많다. 이런 부정적인 표현을 걷어 내고 객관적으로 쓸 수 있는 세대 구분법으로는 '어린이, 자란이, 큰이'가 있다. '어린이'에 쓰인 '어리다'는 본래 어리석다는 뜻이고 '큰이'는 본래 맏이를 가리키는 말이지만 이런 모든 의미를 지우고 세대를 구분하기 위한 상대적인 개념으로만 쓰고 각 세대의 말을 들여다보면 된다. 물론 함경도에서 쓰는 '자란이'에 쓰인 '자라다', 그리고 반도의 북쪽에서 할아버지, 할머니를 의미하는 '클아반, 클마니'에서의 '크다'도 참고할 수 있다.

어린이의 말은 발음, 단어와 표현, 문장 등 모든 면에서 완전한 말은 아니다. 혀 짧은 소리, 코맹맹이 소리가 섞이기도 하고 맥락에 맞지 않는 단어를 쓰거나 딱 들어맞는 말을 찾지 못해 두루뭉술하게 말하기도 한다. 앞뒤가 맞지 않는 문장, 순서가 엉망인 문장을 쓰기도 하지만 상상도 못할 재미있는 표현을 쓰기도 한다. 문장은 짧고 문장 간의 논리적 관계가 잘 맺어지지는 않지만 창의력은 으뜸이기도 하다. 새로운 것을 배워 가며 자신의 세계를 구축하는 단계에서 말 또한 그런 단계를 밟아 나간다. 어린이의 이런 말들을 가리켜 '어린이답다'라고 말할 뿐 딱히 책잡지는 않는다.

구세대와 신세대의 양분법이 아닌 자란이와 큰이의 시각으로 바라보는 어린이의 말은 '귄있는 말'이다. 전라도 지역에서 쓰는 '귄'은 '귀여움'과도 통하는 말로서 '귄있다'는 딱히 눈에 띄게 예쁘거나 하지는 않은데 자꾸 눈이 가며 관심이 간다는 말이다. 나아가 보면 볼수록 예쁘고 매력이 느껴진다는 말이다. 말을 배우는 단계에서의 부족함이 많지만 맑고 깨끗한 눈으로 세상을 바라보고 말하니 듣기에 좋다. 그 뜻을 잘 모르고 나쁜 말, 험한 말을 쓰기도 하지만 바로잡아 주면 바로 고치니 마냥 살갑게 느껴진다.

큰이의 말은 말 그대로 점잖다. '점잖다'란 말은 '젊지 않다'에서 유래한 것인데 이는 젊지 않고 늙었다는 뜻이 아니라 젊지 않아 위엄과 권위가 있다는 뜻이다. 경험이 부족한 탓에 실수하는 젊은이, 젊은 혈기를 못 이겨 경거망동하는 젊은이와 달리 의젓하고 신중하다는 뜻이다. 물론 젊지 않아 노화에 따른 부정확한 발음과 어두워신 귀가 문제가 되기도 한다. 느리서나 그릇된, 혹은 고집스러운 판단이 말에 담기기도 한다. 긴 세월 동안에 겪은 삶의 과정이 점잖게 나타나기도 하고 젊지 않게 나타나기도 한다.

큰이의 말을 바라보는 어린이의 시각과 자란이의 시각은 다소 다르다. 어린이와 큰이는 그 사이에 자란이를 사이에 두고 있으므로 터울이 꽤 진다. 이렇게 터울이 지는 사이는 서로 부딪치거나 갈등할 일이 많지 않다. 어린이에게 큰이는 '클아반, 클마니'이다. 즉 부모의 아버지와 어머니이니 아버지와 어머니보다 더 큰 존재다. 나이뿐만 아니라 경험도 많고 포용력 또한 크다. 오래된 말, 옛날 말을 간직한 이들의 말이 오히려 위엄으로 느껴진다. 게다가 어린이를 '귀여운 내 똥강아지'라고 표현하며 어린이들의 눈높이에서 소통하려 하니 어린이의 처지에서 보면 큰이의 말은 어렵지만 그러려니 하고 받아들일 수 있다.

그러나 자란이는 큰이의 말에 그리 우호적이지 않다. 부모와 자식의 관계로 맺어진 사이이니 큰이는 부모의 자리에서 여전히 '아들딸이 잘되라고' 말을 한다. 그렇지만 이미 머리가 굵어진 자란이에게 그 말은 잔소리로 들린다. 세상을 살 만큼 살아서 알아야 할 만큼 안다고 믿는데 큰이들은 그것을 인정하지 않고 여전히 어린이로 취급하니 반감을 가질 만도 하다. 또한 상대적으로 오래된 말, 고리타분한 말을 쓰니 그 또한 달갑지 않다.

자란이의 말은 '낀세대'의 속성을 보일 수밖에 없다. 이 세대 자체가 어린이를 거쳐 왔고 시간이 흐르면 큰이의 무리에 합류하게 되니 자연스러운 것이기도 하다. 말 또한 이 과정을 밟아 가기에 어린이 말투의 속성이 점차 큰이의 말투로 바뀌어 가는 경향이 나타난다. 사람에 따라서 어린이의 말을 여전히 간직하거나 어린이들 사이에서 나타나는 말의 변화를 빠르게 모방하기도 한다. 반면에 더 빨리 큰이에게서 느껴지는 위엄을 갖추기 위해 큰이의 말투를 좇는 이들도 있다. 상황이 이렇다 보니 어린이의 눈에는 자신들과 같은 말투를 쓰는 것도 아니고 큰이들의 위엄 있는 말투를 쓰는 것도 아닌 얼치기 말로 보인다. 큰이의 눈에도 귄있는 시절은 이미 지났는데 아직 어린 티를 벗지 못한 말투로 보인다. 말투에서 나타나는 속성이나 말투에 대한 대접 모두 낀세대의 설움을 느낄 수밖에 없다.

그러나 자란이는 사회의 중추인 만큼 그들의 말투에서는 그 지위가 주는 품격이 느껴진다. 자란이 세대는 정치, 경제, 사회, 문화의 모든 영역에서 핵심적인 역할을 맡고 있다. 어린이 세대를 키워야 하니 어린이 세대와 직접 소통하며 그들의 미래를 인도한다. 동시에 큰이 세대도 부양해야 하니 그들의 과거를 존중한다. 갈등의 시각으로 보면 낀세대이지만 통합의 시각으로 보면 중간 다리이자 연결 통로이기도 하다. 태생적으로 사이에 끼어 있을 수밖에 없지만 그렇기 때문에 양쪽을 모두 아우르며 자신들만의 품격을 세워나갈 수 있는 위치이기도 하다. 말투 또한 그러해서 귄은 빠져 있고, 위엄은 굳이 드러내지 않지만 그것 자체가 품격이기도 하다.

● 옥떨메의 아재와 틀딱의 라떼

어떤 사회든 다양한 세대로 구성될 수밖에 없고 모든 사람
은 신세대, 낀세대, 쉰세대로 살아갈 수밖에 없다. 이러한 삼분
법은 사회 구성원 전체를 대상으로 하여 절대적인 기준으로 적
용할 수도 있다. 그러나 갓 세상에 태어나거나 곧 세상을 떠날
이가 아닌 한, 상대적인 기준을 적용하면 모든 사람은 세 세대
를 동시에 살아간다. 상대적으로 자신보다 어린 세대에게는 쉰
세대이지만 그 위의 세대가 있으면 낀세대이다. 몇 년 차이 안
나는 어린아이들 사이에서조차 세대 차이를 말하는 것이 현실
이니 아이들 또한 신세대, 낀세대, 쉰세대를 모두 살아가는 것
이기도 하다.

누구나 세 세대를 동시에 살아가게 되니 세대 간 말투에 대
한 인식이나 대접과 관련해 '내로남불'을 떠올려 보는 것도 좋
겠다. 어린이의 권, 큰이의 위엄, 자란이의 품격 어느 것을 기준
으로 하더라도 내로남불은 참으로 몹쓸 단어다. 어린이한테는
한자로 된 사자성어로 보이지만 '내가 하면 로맨스, 남이 하면
불륜'의 머리글자를 단 말이니 '내Ro남不'로 쓸 수 있는 엉터리
조어다. 위엄 있는 큰이의 처지에서 이런 내용을 담은 말을 하
자면 '나는 옳고 남은 그르다'는 뜻의 '아시타비(我是他非)'를 써야
위엄이 살 터이니 조잡하기 그지없는 말이다. 품격 있는 자란

이라면 '로맨스'나 '불륜'은 그리 가까이 할 만한 단어가 아니니 이런 말을 입에 올리는 것 자체가 품격을 떨어뜨리는 일이다.

그런데 현실에서는 '내로남불'이란 표현이 넘쳐난다. 신세대의 말투 중에서 가장 확실한 공격 대상이 이런 방식의 줄임말인데 사실 세대를 막론하고 모두 쓰고 있다. 국정을 책임지는 위치에 있는 이들이라면, 바르게 알리고 올바른 여론을 조성해 나가야 하는 이들이라면, 아이들의 미래를 위해 가르쳐야 하는 이들이라면 이런 말은 쓰지 말아야 한다. 그러나 서로를 비난하기에 바쁜 정치인들, 그것을 옮기는 데에만 충실한 언론인들, 그리고 그것을 아무런 비판 없이 받아들여 가르치는 현장에서도 거리낌 없이 쓰고 있다. 이는 이 표현이 가리키는 현상뿐만 아니라 이러한 조어법이 현실에서 무척이나 흔하다는 것을 말해준다.

세대 간의 언어 차이 문제에서 가장 많이 등장하는 것이 내로남불과 같은 줄임말 신조어이고 이러한 신조어는 젊은 세대의 전유물로 여겨진다. 이런 유형의 말을 거슬러 올라가자면 '옥떨메'에 다다르게 된다. 옥떨메는 '옥상에서 떨어진 메주'의 줄임말로 누군가의 외모를 비하하기 위한 표현이었다. 이 표현이 1978년도의 신문에 처음 등장하니 만들어진 지 40년이 훌쩍 넘은 셈이다. 이 말이 내로남불을 비롯해 '별다줄(별 걸 다 줄인 말)'의 시초인 셈이다. 그런데 이 말은 당시의 고등학생들 사이에 유행하던 말이니 이 말을 쓰는 이들은 2020년대 초반을 기준으로 하면 환갑을 맞이했을 것이다. 이들은 당시에는 젊은이었지만 지금은 노년기에 접어들고 있다. 그리고 이들은 지금 젊은 세대의 줄임말을 비난하면서 내로남불과 같은 줄임말을 거리낌 없이 쓰고 있다.

세대는 상대적인 것이고 시간의 흐름에 따라 모든 사람이 그 세대를 차례로 밟는다. 줄임말 신조어를 많이 쓰는 것이 젊은 세대의 특징인 것은 맞지만 그런 줄임말을 시도한 세대가 나이가 들어가면서 자신들의 뒤를 잇는 세대들을 곱지 않은 시선으로 바라본다. 자신도 한때 그랬지만 어느새 올챙이 시절은 잊고 마는 것이다. 자신이 어렸을 때 웃고 떠들면서 만들었던 신조어는 로맨스이고, 자신이 나이가 들었을 때 젊은이들이 만드는 신조어는 불륜인 것이다. 나는 옳고 너는 그르다는, 지구는 자신을 중심으로 돈다는 판단의 전형이다.

어린이에게 '옥떨메'가 있다면 자란이에게는 '아재 개그'가 있다. '아재'는 '아저씨'의 사투리로서 아버지의 남자 사촌 형제, 지역에 따라서는 아버지와 어머니의 내종, 외종, 고종, 이종 사촌 간인 형제자매를 모두 가리키는 말로 쓰인다. 그런데 아재는 아저씨를 대신해 재미없는 중년 남성의 대명사로 쓰인다. 중년 여성을 가리키는 중립적인 말이었던 '아줌마'가 욕심만 많고 예의가 없는 중년 여성을 비하하는 말로 쓰이는 것과 같은 맥락이다. 나아가 이들의 재미없는 말장난은 아재 개그로 폄하된다. '아빠는 차가 네 대, 아들은 차가 한 대'인 것을 네 글자로 표현하면 '세대차이'라는 식의 웃음이 픽 나오게 하는 말장난을 가리킨다.

이러한 말장난은 본래 '넌센스 퀴즈'로 불렸던 것들이다. 재치와 재미가 느껴지기는 하지만 깊이가 없는, 그래서 그저 한 번 웃고 하는 말들이었다. 그런데 이런 말들이 어느새 중년 남성들의 전형적인 말투 혹은 대화 콘텐츠의 특징처럼 여겨지기 시작하면서 아재 개그란 말로 뭉뚱그려지게 된 것이다. 나아가 대표적인 아재 세대라 할 수 있는 '부장'까지 소환돼 '부장님 개그'라고 불리기도 한다.

아재 세대, 혹은 자란이들이 이런 식의 말장난을 가장 많이 하는가에 대한 객관적인 통계는 없다. 어린이들, 혹은 큰이들이라 해서 이런 말장난을 하지 않는 것은 아니다. 상대적으로 감각이 무딘 자란이들이 재치가 필요한 이런 말장난을 양산해 낸다고 믿기도 어렵다. 실제로는 재치가 넘치는 젊은 세대들이 만들어 한 번 쓰고 버리는 것을 아재들이 꼼꼼히 기억했다가 쓰는 것일 가능성이 더 크다. 그리고 아재들이 이런 말들을 굳이 가져다 쓰는 것은 젊은이들과의 소통을 위한 몸부림일 수도 있다.

'아재'가 자란이들을 깎아내리기 위한 말이라면 '틀딱'은 큰

이들을 더 모욕적으로 부를 때 쓰는 말이다. '틀니를 딱딱거린다'의 줄임말로 틀니는 주로 노년층이 끼니 몰지각한 행동과 자기중심적인 말을 하는 나이든 이들을 비하하기 위해 쓰는 말이다. 나이 든 이들이 흥분해서 목소리를 높이려 하면 틀니가 딱딱거리는 소리가 난다는 발상인데 실제와는 전혀 맞지 않는 표현이다. 신체와 나이에 대한 혐오가 함께 담겨 있는 말이어서 피해야 할 말이지만 일부 젊은 세대가 나이 든 세대 일부를 공격하기에 더없이 좋은 말로 여기니 문제이기도 하다.

이 말을 쓰는 이들의 본래 의도는 틀니를 비하하기 위한 것이라기보다는 '라떼는 말이야'로 돌려서 표현되는 큰이들의 말투와 태도에 대한 반발이다. 긴 세월 동안의 경험을 가진, 특히 상대적으로 어려운 시기를 많이 겪은 이들은 자신의 경험과 판단력을 바탕으로 '나 때는 말이야'로 운을 떼며 말한다. 그러나 '그래서 뭐 어쩌라고'라며 반항하고 싶은 젊은 세대는 그런 말이 귀에 들어오는 것 자체가 싫으니 틀니가 딱딱거리는 소리라고 치부해 버리는 것이다. 아재 개그는 그나마 스쳐 가는 웃음이라도 주지만 틀니가 딱딱거리는 소리는 자신들에 대한 책망과 비난의 소리이니 근본적으로 거부한다.

'옥떨메, 아재, 틀딱, 라떼'는 모두 새로운 말을 추구하는 젊은 세대가 만들어 낸 말일 가능성이 높다. 이 중에 옥떨메는 아주 오래전 과거의 젊은 세대가 만들어 낸 말이다. 그 세대는 어느새 아재나 틀딱이 돼서 라떼를 말하고 있다. 그리고 자신들의 윗세대를 아재나 틀딱이라고 하는 젊은 세대 또한 머지않아 아재와 틀딱의 전철을 차례로 밟아가게 될 터이고 어느 순간부터인가 자신들이 만들어 낸 비하의 말로 불리게 될 것이다. 거스를 수 없는 이 시간의 흐름이 만들어 내는 순차적인 세대가 결국 동시대의 여러 세대를 구성하는 것이다.

이러한 시간과 세대의 변증법을 안다면 내로남불이나 라떼는 모두 덧없는 외침이다. 어린이, 자란이, 큰이로서 동시대를 나누어서 살아가는 이들은 갈등하지만 결국은 각각의 세대를 차례로 밟으며 살아간다. 그 세대를 차례로 밟아 가기에 세대 간의 극단적 단절이나 언어적인 불통은 존재하려야 존재할 수 없다. 그저 각 세대다운 정체성이 때를 맞춰 드러나는 것일 뿐 다른 언어를 쓰는 것은 아니다. 나도 한때는 그랬고 나도 나중에는 그럴 터이니 내로남불 타령은 궁극적으로는 자신에 대한 비난이 된다. 윗세내의 '라네는 이랬어'는 아랫세대의 '라떼는 이래요'로 맞받아칠 수 있으니 '라떼'를 강조하는 것 또한 무의미하다.

그러나 내로남불이나 라떼가 덧없는 외침이라는 말마저도 결국은 덧없다. 어차피 세대는 나뉘게 되어 있고, 그 세대 사이에는 차이가 있을 수밖에 없으니 그 차이에 대한 언급은 당연히 있을 수밖에 없다. 그러니 무조건적인 내로남불이 아니라

'나로남로' 혹은 '남불나불'이면 된다. 내게 옳은 것이라면 남에게도 옳은 것이고, 남이 옳지 않으면 나도 옳지 않을 수 있다는 생각이다. 그리고 모두가 '라떼'를 살고 있음을 인정하면 된다. 모두가 단 한 번밖에 오지 않는 '라떼'를 살고 있으니 그때에 맞는 말을 하는 것은 당연하다고 보면 된다. 그리 보면 어린이의 말에는 귄이, 자란이의 말에는 품격이, 큰이의 말에는 위엄이 넘친다.

남성과 여성의 말투 - '다나까'와 '요'의 전쟁

● 목소리 큰 남자와 말 많은 여자

지구 위에 반은 남자 지구 위에 반은 여자
너는 나의 밤을 밝히는 달
나는 너를 지키는 해가 되리라
너가 있음에 내가 있고 내가 있음에 너가 있다

– 조용필, 〈여와 남〉

40여 년 전에 발표된 노래인데 가사를 자세히 뜯어 보면 많은 것을 생각하게 한다. '지구 위에 반은 남자 지구 위에 반은 여자'라는 가사에서는 남자를 먼저 등장시키는 데 반해 제목은 〈여와 남〉으로 순서가 뒤바뀌어 있다. 노래를 부르는 이가 남자이니 '나'는 곧 '남자'며 '해'로 표현되어 있고 '너'는 '여자'이며 '달'로 표현되어 있다. 일반적인 용법에 따르면 〈남과 여〉라고 해야 할 것을 뒤집어 놓았으니 일상의 통념을 거부하는 듯하면서 '해'와 '달'의 비유에서는 통념을 그대로 답습하고 있다.

정확한 숫자는 아닐지라도 지구 위의 반인 남자도, 또 다른 반인 여자도 말을 한다. 그렇다면 남자가 말을 하면 남성어이고, 여자가 말을 하면 여성어인가? 이러한 거친 이분법이 엉터리란 사실은 누구나 안다. 성별에 따라 말의 차이가 있다면 그것은 쓰는 사람의 성별 자체에 따른 것이 아니라 각각의 말에 나타나는 실질적인 특성으로 나타나는 것이다. 어휘와 표현, 조사와 어미 등의 문법적 요소에 따른 차이가 있을 수 있고. 말소리의 크기, 말의 길이와 빠르기도 다를 수 있다. 쓰는 사람의 성별보다 이러한 특성에 따라 남성어와 여성어를 나누고 그러한 말투가 있다고 어렴풋이 믿고 있다.

언어에 따라서는 문법적인 성이 엄격하게 지켜지는 경우도 있는데 일본어는 성별에 따른 언어의 차이가 비교적 두드러지게 나타나는 것으로 알려져 있다. 일본어에서는 인칭대명사, 감탄사, 문장 끝에 붙이는 조사가 그 말을 쓰는 사람의 성에 따라서 다르다. 이는 반드시 그래야 한다는 당위는 아니지만 그러한 말을 쓰는 경향은 분명히 파악할 수 있다. 독일어나 프랑스어에서는 명사의 성이 남성, 여성, 중성 등으로 구별되어 있고 이에 따라 관사나 격 체계를 엄격하게 지키며 사용해야 한다.

한국어는 문법적인 성도 없고 일본어처럼 성별에 따른 언어의 차이가 분명하지는 않으나 남자의 말투와 여자의 말투에 대한 통념과 미세한 차이에 대한 인식은 어느 정도 있는 편이다. 목소리가 크면 남자고 말이 많으면 여자라는 통념이 그중의 하나이다. '큰 목소리'는 물리적인 소리의 크기가 아니라 남성의 사회적 지위가 우세하다는 것을 은연중에 드러내는 강압적인 말투를 가리키는 것이다. '많은 말'은 그 말의 내용과 질에는 관심 없이 그저 쓸데없는 수다라고 비하하려는 의도가 담긴 표현이다. 남자는 씩씩하게 말해야 하고 여자는 상냥하게 말해야 한다는 것 또한 남녀의 사회적 지위와 역할에 대한 통념이 반영된 것이기도 하다.

그러나 이러한 차이를 명시적으로 드러내는 것은 쉽지 않다. 목소리가 큰 남자의 위압적인 말투에 대한 어렴풋한 의식은 있지만 말의 어떤 요소가 그러하다는 것인지 콕 집어 말하기가 쉽지 않다. 여성들이 실제로 말이 많고 빠른지, 그렇게 많고 빠른 말이 단지 수다인지 아니면 정보의 교환인 동시에 공감의 표시인지 등에 대한 정확한 분석 자료도 없다. 결과적으로 남녀의 말투 차이에 대한 통념은 말 자체가 아닌 남녀의 사회적 지위에 대한 인식이 빚은 허상일 가능성이 크다.

남녀의 언어에서 비교적 명확하게 드러나는 차이 중 하나는 말끝에서 찾을 수 있다. 남성은 '다나까'를 많이 쓰고 여성은 '요'를 많이 쓴다는 것이 그것이다. '다나까'는 남성들이 종결어미로 '다'나 '까'를 많이 쓴다는 데서 유래한 것인데 군대를 비롯한 공식적인 자리에서는 이런 어미가 비교적 많이 사용되는 편이다. 반면에 여성들은 종결어미 '다'나 '까' 대신 보조사 '요'를 많이 쓴다는 것이다. 이 말끝의 차이는 인식과 실제가 어느 정도 부합하는 편이다.

그런데 말끝의 차이는 다른 각도에서 살펴볼 필요가 있다. 전통적인 말끝은 '다'나 '까'인데 19세기 무렵부터 '요'가 등장하기 시작했다. 이 말끝이 어디에서 기원했는지는 분명하지 않으나 한 가지 분명한 것은 말끝 '요'가 점차 '다'나 '까'를 대체하고 있다는 것이다. 20세기 초의 여러 자료를 볼 때 말끝 '요'는 여성들이 사용하며 그 세력을 넓혀 온 것으로 보인다. 남성들은 이 말끝의 사용을 꺼렸고, 군대를 비롯한 공식적인 자리에서는 쓰지 말아야 한다고 요구되기도 했으나 지금은 '요'가 거의 모든 상황에서 쓰이고 있다.

말끝 '요'뿐만 아니라 말투에서도 젊은 여성들이 주도하는 변화가 관찰된다. 종합병원의 여성 간호사들이 쓰는 '병원 말투'는 같은 또래의 여성 의사들을 거쳐 젊은 남성들의 말투로 확산되고 있다. 말과 말 사이를 끊되 다음 말과 이어갈 때 살짝 끌어올리는 억양은 대학의 저학년 여학생들에게서 나타나기 시작했는데 점차 널리 퍼지기 시작해서 지금은 남학생들도 따라 하고 있다. 이런 과정들을 살펴보면 여성의 말이 힘이 더 세어 언어 변화를 주도해 감을 알 수 있다.

여성이 남성에 비해 언어능력이 상대적으로 뛰어나다는 사실은 잘 알려져 있다. 어휘력이 더 뛰어날 뿐만 아니라 표현도 훨씬 섬세한 편이다. 방언 조사를 할 때도 여성 제보자가 더 뛰어난 언어 감각을 가지고 있어 조사가 수월한 편이다. 이런 여성이 아이를 낳아 양육하는 과정에서 아이와 더 친밀하게 지내면서 자연스럽게 여성의 말투가 아이에게 전달된다. 남성어와 여성어의 실체가 불분명할지라도 결과적으로 여성어가 전승될 가능성이 더욱 높은 상황이다.

목소리는 남성이 클지 몰라도 여성의 말이 훨씬 더 힘이 세다. 여성들만 쓴다고, 혹은 써야 한다고 인식되었던 말끝 '요'는 어느 순간 남성들의 말투를 점령해 버렸다. 병원 말투와 발표 말투 같은 젊은 여성들의 말투가 확산되고 있다. 남성과 여성의 말투가 드러나게 전쟁을 벌이고 있는 것은 아니지만 언어 변화는 젊은 여성들에 의해 주도되고 있는 것은 분명해 보인다.

● '상냥'과 '무뚝뚝'의 사이

"이거 어때 보여? 담백하고 살도 안 찔 것 같지 않아? 그치?"
"괜찮아 보이네."

"맛이 어때? 요리책에 있는 레시피를 내 방식대로 살짝 바꾼 건데."
"먹을 만하네."

이렇게 진행되는 대화 참여자의 성별을 특정해 보라고 하면 대부분 먼저 말하는 사람은 여자, 대답하는 사람은 남자라고 답할 것이다. 사실은 그 반대라며 어떤 상황일지 추측해 보라면 아마도 남자가 무언가 잘못을 해서 맛있는 요리로 여자를 달래려 하는 상황이라고 답할 것이다. 이러한 판단은 누군가에 의해서 억지로 주입된 것이라기보다는 현실의 다양한 상황에서 자연스럽게 형성된 것일 가능성이 크다. 여자는 다양한 정보와 감정을 담아 길고 상냥하게 말하고 남자는 최소한도의 정보만 담아 짧고 무뚝뚝하게 답한다는 통념이 그것이다.

이러한 통념이 옳은 것인가에 대한 객관적인 자료는 당연히 없다. '상냥함'과 '무뚝뚝함' 역시 주관적인 것이어서 계량하기도 쉽지 않다. 그러나 경험에 바탕을 둔 통념은 자연스럽게 형성된 것이어서 그 통념이 틀렸다고 단정 짓기도 어렵다. 이런 면에서 남녀의 말투에서 나타나는 차이에 대해 새로운 관점이 필요하다. 차이에 대한 인식, 차이를 나타내는 요소에 대한 판단, 그리고 그 차이에 대한 태도를 어떻게 정립할 것인가의 문제가 제기된다.

남녀의 말투 차이에 대한 통념이 있다는 것이 그 차이가 실재한다는 것을 증거한다고 여겨도 무방하다. 남자와 여자 사이에 생물학적인 차이가 있듯이 말투에서도 차이가 있다고 인정하는 것은 객관적인 사실에 대한 인정일 수가 있다. 다만 이 차이와 이 차이에 대한 인식이 '차별'로 이어지지 않으면 된다.

남녀 말투의 구체적인 차이를 명시할 수 있는 상황이 아니라면 통념에 기대는 것도 방법이다. 많은 사람들이 남녀 말투의 차이가 있다고 느끼지만 그 차이가 무엇인지 콕 집어 말하지 못한다. 학문적인 연구 결과는 더 부족해서 딱히 내세울 만한 것이 없다. 그런데 여성의 말투를 '상냥하다'라고, 남성의 말투를 '무뚝뚝하다'라고 단정지어도 문제가 될 것은 없다. 전자는 긍정적이고 후자는 부정적이지만 그것은 단지 특성일 뿐이어서 그러한 말투를 쓰는 특정 성에 대해 긍정적 또는 부정적 낙인을 찍지 않으면 된다. 남녀의 사회적 관계 속에서 상냥한 여성의 말투와 무뚝뚝한 남성의 말투가 형성되었다면 그것을 일단 인정하면 된다.

이러한 특성에 대한 인정, 나아가 차이에 대한 인식이 당위로 이어지지 않으면 된다. 상냥함은 좋은 것이고 무뚝뚝함은 상대적으로 나쁜 것이다. 그 가치를 인정하며 여성의 상냥한 말투는 좋은 것이고 남성의 무뚝뚝한 말투는 나쁜 것이라 판단하는 것도 문제되지는 않는다. 문제는 이러한 인식이 '여성은 상냥하게 말해야 한다'라거나, '남성은 무뚝뚝하게 말해도 된다'라는 당위로 강요되는 것이다. 좋은 것이라면 배워야 하고 나쁜 것이라면 고쳐야 할 텐데 그렇지 않은 상황이 이어지는 것이 문제이다.

"이거 어떨까?"

"담백하고 살도 안 찔 것 같네. 정말 잘 고른 것 같아."

"맛이 어때?"

"익숙한 음식인데 훨씬 더 맛있네. 어떻게 만든 거야?"

앞의 예시와 같은 상황이지만 대화의 내용을 조금만 바꾸어도 느낌은 확연히 달라진다. 이 대화에서는 참여자의 성별이 잘 특정되지 않으나 서로에게 호감이 있는 이들이 서로를 배려하며 대화를 진행하고 있다는 느낌이 날 뿐만 아니라 서로 대화를 계속 편안하게 이어갈 것이라 짐작할 수 있다. 일방적인 독백이나 명령이 아니라면 대화는 서로 주고받는 것이며 그 과정에서 정보와 정서를 공유하는 것이 목적이다. 위와 같은 대화 방식은 참여자의 성별과 관계없이 서로가 편안하게 대화를 이어 갈 수 있다. 그리고 이러한 방식이 여성어의 특성이 있을지라도 성별과 상관없이 누구나 쓸 수 있는, 나아가 써야 하는 방식이기도 하다.

변성기 전의 남자아이 목소리는 여자아이 목소리와 큰 차이가 없다. 이 시기까지는 말하는 방식에서도 큰 차이가 없어 남녀를 불문하고 귀엽고 상냥한 말투를 쓴다. 그런데 변성기가 지나면서 남녀의 목소리가 달라지고 '남자다움'이 강요되거나 스스로 부각하려고 노력한다. 안타깝게도 이 남자다움의 속성에는 거칠고 위압적이며 불친절한 요소가 포함되어 있다. 그것이 말투에도 반영돼 부드러움이나 상냥함과는 거리가 멀어지게 된다.

말투에서 성별을 언급할 때 흔히 쓰는 표현은 '여자 말투 같다'가 아닌 '계집아이 말투 같다'는 표현이다. 이 표현은 '계집'이라는 단어로 여성 비하를 나타낼 뿐만 아니라 '아이'라는 단어로 연령 혹은 세대에 대한 비하의 의미도 담는다. 그러나 아이나 여성의 말투가 귀엽고 상냥하다면, 그래서 원활한 소통과 인간적인 유대감 형성에 도움이 된다면 전혀 나쁠 것이 없다. 문제는 강요된 남성성과 그로 인한 차별적인 인식일 뿐이다.

● 사람이 사람에게 하는 말

남성이 쓰는 말, 혹은 여성이 쓰는 말과는 성격이 조금 다르지만 성별과 밀접한 관련이 있는 말 중에 친족 명칭과 호칭이 있다. 생물학적으로는 암수로 구별되는 것이 사람에 적용되면 아버지와 어머니, 아들과 딸로 구별된다. 이러한 구별은 대부분의 언어에 있는 것이어서 특별히 문제가 되지는 않는다. 그런데 한국어에서는 다른 언어와 달리 자신과 형제의 성별을 고려해

형과 누나, 오빠와 언니로 구별해 불러야 한다.

친족 명칭, 그리고 이에 바탕을 둔 호칭은 시대에 따라 조금 달리 쓰이기도 한다. 남자 형제끼리는 '형'을 쓰고, 여자 형제끼리는 '언니'를 쓰는데 친족이 아니더라도 친한 사이끼리 연령을 고려해 쓸 수 있다. 그런데 '언니'는 과거 서울과 경기 일원에서는 남자끼리도 쓰는 호칭이었는데 요즘에는 거의 쓰이지 않는다. 1980년대의 여자 대학생들은 남자 선배를 '형'이라 부르는 경우도 있었는데 요즘 대학생들은 이 용법을 쓰지 않는다.

문제가 되는 것은 성별에 따라 써야 하는 호칭이 불합리한 경우이다. 대표적인 사례로 결혼 후 배우자의 형제를 부르는 호칭을 들 수 있다. 여자는 남편의 남자 형제를 '도련님'과 '서방님'으로, 여자 형제를 '아가씨'와 '형님'으로 불러야 한다. 반면에 남자는 아내의 남자 형제는 '처남'으로, 여자 형제는 '처제'와 '처형'으로 불러야 한다. 아가씨와 도련님은 지체가 낮은 이들이 높은 이에게 쓰는 호칭이기 때문에 불합리하게 느껴진다. 게다가 아내의 형제자매를 그다지 높여 부르지 않기 때문에 더욱 그러하다.

여성에게 불리하거나 불합리한 호칭은 친족 명칭이 아니더라도 광범위하게 나타난다. 영어에서는 여성의 결혼 여부에 따라 성 앞에 '미스(Miss)'와 '미시즈(Mrs.)'를 구별해 붙이는데 남성은 '미스터(Mr.)' 하나로 부른다. 조직의 최상위자인 '의장

(Chairman)'이나 치안 유지의 중책을 맡은 '경찰(Policeman)'에는 남성을 가리키는 'man'이 포함되어 있다. 우리말에서는 '여교수'와 '여의사'라고 하는 것처럼 '교수'와 '의사'는 당연히 남자여야 한다는 편견이 나타나기도 한다.

언어의 분화는 사물의 구별과 사고의 분화에 따른 자연스러운 과정이고 그 결과 언어는 더 정밀하고 섬세해진다. 같은 사람이지만 생물학적인 구별 요소가 있어 남자와 여자를 구별하면 더 정확한 표현이 가능해진다. 다리를 나무로만 만들던 시기에는 '다리'가 곧 나무다리를 가리키는 것이었지만 돌과 쇠를 재료로 사용하기 시작하면서부터는 '돌다리'와 '쇠다리'로 구별하게 되고 그에 따라 '나무다리'도 새로운 이름을 얻게 된다. 생물학적인 차이 외에 사회적인 이유로 남녀를 구별해야 하는 이유가 충분히 있고, 재료에 따라 다리를 구별해서 얻는 장점도 분명하다.

그런데 이러한 구별이 차별로 나아가면 문제가 된다. 나무, 돌, 쇠의 구별은 단순히 재료에 따른 구별이었지만 쇠로 만든 다리가 더 튼튼하다면 '쇠다리' 또는 '철교'는 다른 것에 비해 우월한 존재가 되고 자연스럽게 '나무다리'는 열등한 존재가 된다. 본래 그 수가 반반인 남자와 여자는 대등한 존재여야 하지만 어느 한쪽의 사회적 지위가 우월해지면 다른 한쪽은 차별의 대상이 된다. '다른 것'은 '틀린 것', 혹은 '나쁜 것'이 아니지만 어느 순간부터 다른 것은 다르면서 틀린 것으로 차별을 받게 되는 문제가 발생한다.

이런 문제를 해결하기 위해 영어에서는 '미스'와 '미시즈'의 구별을 없앤 '미즈(Ms.)'가 제안되고 실제로 쓰이고 있다. 의장과 경찰은 남자여야 한다는 선입견을 주지 않기 위해서 '체어맨'과 '폴리스맨' 대신 각각 '체어 퍼슨(chair person)'과 '폴리스 오피서(police officer)'를 쓰기도 한다. 이러한 시도는 한국어에서도 충분히 적용할 수 있어서 '여교수'나 '여의사'에서 여자를 뜻하는 '여(女)'를 굳이 붙이지 않는 것으로 해결할 수 있다.

그런데 말은 의식과 현실의 반영이면서 동시에 말을 통해 의식과 현실이 바뀌기도 한다는 점이 반드시 고려되어야 한다. 현실에서 남녀의 구별이 있는 한 '남자'와 '여자'라는 말이 사라질 가능성은 없다. 이 두 단어를 없앨 수 없다면 할 수 있는 것은 이 말과 관련된 차별적인 인식을 없애는 것이다. 말과 관련된 차별적인 인식 또한 사회의 현실에서 오는 것이니 성별에 따른 차별을 없애야만 근본적으로 가능한 것이기도 하다. 차별과 차별적 인식을 없애거나 바꾸는 데 '여교수'와 '여의사'에서 '여'를 떼어 내는 것이 도움이 된다면 이러한 노력 또한 활발히 이루어져야 한다.

제주도 말에서는 다른 지역에서 '아저씨'와 '아줌마'로 구별하는 나이든 이웃 사람들을 성별로 구분하지 않고 모두 '삼촌'

이라 부른다. 함경도 말에서는 고모, 이모, 숙모 등도 모두 '아재'라고 부른다. 평안도 말에서는 언니의 남편, 즉 표준어에서는 '형부'라고 부르는 대상을 '아저씨'라고 부른다. 이러한 점을 고려하면 친족 명칭이나 이에 바탕을 둔 호칭은 결코 절대적인 것이 아니다. 구분이 자세하면 자세할수록 도움이 되는 면이 있지만 그것이 차별적이거나 불공평하면 얼마든지 없애거나 변경할 수 있다. 따라서 이러한 문제를 해결하기 위한 시도가 이 땅의 어디에선가, 혹은 어느 집단에서 이루어진다면 눈여겨보고 귀 기울여 들어야 한다.

'상남자'와 '천상 여자'란 말은 자연스러운데 반대의 성을 대입한 '상여자'와 '천상 남자'는 어색하거나 쓰이지 않는다. '상남자'는 사전에는 올라 있지 않으나 한자로는 '上男子'로 쓰고 '매우 남자다운 남자'의 뜻으로 쓴다. '천상 여자'에서의 천상은 '천생(天生)'을 잘못 쓴 것으로 보는데 '천생'은 '하늘로부터 타고남'을 뜻한다. 그러니 천상 여자는 하늘로부터 타고난 여자로서 역시 '진정 여자다운 여자'의 뜻이다. 결국 둘 다 타고난 성별에 맞는 고유한 특성이 강하다는 뜻인데 묘하게도 다른 느낌으로 쓰인다.

'천생'은 하늘로부터 타고난 것이니 이것을 바꾸는 것, 이와 관련된 말을 바꾸는 것은 어렵다. 천생이기 때문에 조용필의 노래 〈여와 남〉의 가사처럼 '지구 위의 반은 남자, 지구 위의 반은 여자'이고 그렇기 때문에 '네가 있음에 내가 있고, 내가 있음에 네가 있다'는 표현이 가능하다. '너'와 '나'가 모두 모여야 비로소 '사람'이란 개념이 완성될 수 있는 것이기도 하다. 남자가 하는 말, 여자를 부르는 말 모두가 결국 사람이 하는 말인 동시에 사람을 부르는 말이기도 하다. 이러한 논리가 가능하다면 남녀의 말에 대한 구별은 필요가 없어진다.

'다나까'와 '요'의 전쟁은 '요'의 압도적인 승리로 끝났다. 여성의 말이 힘이 더 세기 때문에 다른 싸움에서도 여성의 말이 승리할 가능성이 크다. 비록 '전쟁'이라 표현했지만 어느 한 편이 늘 승리하니 굳이 그리 표현할 필요도 없다. 그러나 말의 영역에서 늘 승리하는 편이 현실에서는 차별을 받거나 불합리한 대접을 받는다. 이 또한 '여'와 '남'이 해결해야 하는 문제가 아니라 '사람'이 해결해야 하는 문제이다. 남성어나 여성어 모두 '사람이 사람에게 하는 말'이기 때문이다.

직업과 계층의 말투 - '노가다'와 '지에스(GS)'

● **직업과 계층**

"고개 살짝 들어 보실게요. 샴푸하고 드라이하실게요. 펌이 참 예쁘게 나오셨어요."

예쁘다. 여성 손님의 머리를 매만지는 젊은 미용사의 웃는 얼굴, 상냥한 말투 모두가 예쁘다. 그런데 이상하다. '보실게요, 하실게요'는 문법을 연구하는 학자 여럿이 달라붙어 풀어야 하는 요상한 말이고, '드라이하다'는 그나마 들어본 듯한데 '샴푸하다'는 아무래도 어색하다. 게다가 '펌이 나오시다'니……. 옆에서 보고 듣는 '국어 선생'의 심기가 영 불편하다. 필요 이상의 톤이 높은 목소리, 말끝을 살짝살짝 끌어올리는 억양을 쓰는 이 미용사는 '사내 니석'이니 '50대 아재'의 눈으로 보자면 별로 고와 보이지 않는다.

틀렸다. 미용실에 와서 귀를 쫑긋 세우며 지적질을 하려는 50대 아재의 성난 눈길과 민감한 귀가 틀렸다. 그가 가지고 있는 문법 지식으로 분석하자면 '보실게요, 하실게요'는 어법에 맞지 않지만 미용사와 손님 사이의 소통에는 아무 문제가 없다. '샴푸하다'가 '머리 감다'의 뜻인 것은 맥락으로 금세 이해된다.

'펌이 나오시다'는 표현이 손님을 높이기 위한 것임을 안다면, 여성스러운 말투는 미용실의 주요 고객이 여성이다 보니 자연스럽게 몸에 밴 것임을 안다면 문제 삼을 일이 아니다. 오히려 엉터리 풍경화가 걸려 있는 '이발소'에 가야 할 아재가 미용실에 와 있는 것이 이상하다.

'생계를 유지하기 위하여 자신의 적성과 능력에 따라 일정한 기간 동안 계속하여 종사하는 일', 사전을 보면 '직업'은 이렇게 정의되어 있다. 이 미용사의 적성은 모르겠지만 능력은 꽤 있어 보여 미용실 원장은 오래도록 붙잡아 두고 싶은 눈치다. 다른 일은 하지 않으니 이 일로 생계를 유지하는 것 같고, 앞으로 자신의 미용실을 갖고 싶어 하니 오랫동안 계속하여 종사해 왔으며 앞으로도 그럴 것으로 보인다. 웃는 얼굴, 상냥한 말투는 이 미용사가 가진 능력의 일부이고, 미용실 언어 또한 이 미용사가 더 익혀야 한다. 스스로 왕이라 생각하는 손님을 모셔야 하니 '펌'도 잘 나오시게 해야 하고 독한 염색약에 '갈라지신' 머릿결도 '케어'해 드려야 한다.

"고개 드세요. 머리 감기고 말려 드리겠습니다. 머리가 잘 지져졌네요."

이렇게 말하길 원하는가? 이렇게 말하면 어법에 맞을지는 몰라도 미용실 손님이 만족하기는 어려워 보인다. '생계를 유지'하기 위해서는 손님이 많아야 하고, 손님을 많이 끌기 위해서는 그들의 비위를 맞춰야 한다. 그 방법 중 하나가 상냥한 말투라면 그것을 마다할 이유가 없다. 그리고 이 미용사도 미용실을 나서면 보통의 말투로 바뀐다. 집에서 가족과 대화할 때 "이제 아드님과 함께 식사 하실게요"라고 말하지는 않을 것이다. 동년배의 친구들과 어울릴 때는 큰 키에 어울릴 만한 남성미를 뽐으며 말할 듯하다.

말투의 차이를 가져오는 사회적 요인 중에 사회적 지위에 따른 '계층'은 매우 중요하게 취급된다. 과거 양반과 상민의 구별이 엄격했던 시기에는 사회적 지위에 따라 말투에 차이가 있었다. 그런데 오늘날의 우리 사회에서 계층은 표면적으로는 분명하게 존재하지는 않으며 그에 따른 말의 차이도 명확하게 나타나지는 않는다. 상류층, 중산층, 하류층의 대략적인 구분이 있으나 그 기준이나 경계가 모호하다. 상류층의 말과 하류층의 말에 차이가 있을 수는 있으나 결정적인 지표도 없고 그 차이가 무엇인지 콕 짚어 말하기도 어렵다.

오늘날의 우리 사회에는 직업이 사회적 지위를 결정하는 중요한 기준으로 작용하고 여기에 몇 가지 기준이 추가된 계층도 감지되기는 한다. 직업에 귀천이 없다는 것은 그저 듣기 좋으라고 하는 수사일 뿐 '의사 선생님'과 '막노동꾼' 사이에는 여러 차이가 있고 말투도 차이가 남을 어렴풋 알고 있다. 배움의 정도에 따라 직업이 결정되는 경우가 많은데 많이 배운 의사와 그보다는 못 배운 막노동꾼은 말투에 차이가 나타날 가능성이 충분하다. 상류층은 점잖고 품격 있으며 부드러운 말투를 쓸 것이라 기대하며 하류층은 상스럽고 거친 말투를 쓸 것이라 단정 짓는 세태가 분명히 있다.

직업과 계층에 따른 말투의 차이가 있는 것은 분명하지만 그 차이를 들어 편을 가르거나 특정 직업 및 계층에 대한 편견이나 선입견을 주입하는 것은 적절하지 않다. 모든 직업은 필요한 것이며 누구에게나 그 직업은 생계를 유지하는 동시에 사회적 의무를 수행하는 중요한 수단이다. 각각의 직업에는 그 직업에 맞는 말투가 정해져 있거나 자연스럽게 형성되기 마련이다. 따라서 여러 직업의 말투에서 본받을 만한, 혹은 활용할 만한 요소를 찾아 말매무새에 적용하려는 노력이 우선되어야 한다.

● **배움과 말투**

Manners, Maketh, Man.

영화 〈킹스맨 : 시크릿 에이전트〉에서 가장 기억에 남는 한 문장을 꼽으라면 역시 이 문장을 꼽을 수 있을 것이다. 그런데 문장 속의 'maketh'는 'makes'여야 하지 않는가? 그러나 고대 영어의 흔적이 남아 있는 이 발음은 콜린 퍼스가 맡은 해리 역이 영국 귀족층임을 알려 주는 증거이기도 하다. 우리말에는 상류층의 말이 따로 있는가? 있다면 그 지표는 무엇인가? 안타깝게도 이에 대한 분명한 답을 하기는 어렵다.

그렇다고 전혀 답이 없는 것은 아니다. 어느 사회든 그렇겠지만 우리 사회는 '있는 집 자식'이 '많이 배운 사람'이 될 가능성이 크다. 많이 배운 사람은 '좋은 직업'을 가질 가능성이 크고 좋은 직업을 가진 사람은 '많이 벌어 잘 사는 사람'이 될 가능성이 크다. 그리고 이런 사람들은 서로를 알아보고 대우하며 '끼리끼리 어울리는' 경우가 많다. 이런 사람들은 삶에 여유가 있으니 매너가 몸에 배어 있거나 배도록 노력하고 그 예시로서 말도 품격 있게 하려고 노력한다. 어법에 맞는 긴 문장을 높지 않은 어조로 느긋하게 말하고 중간중간에 어려운 한자어나 외래어, 나아가 생경한 외국어도 섞어 쓴다.

교육을 통해 배우는 것에는 말도 포함되어 있는데 이 말의 특성은 '표준어'와 '전문어'로 요약할 수 있나. 모든 이들은 방언 화자이니 저마다의 방언을 쓰지만 학교에 들어가는 순간부터는 표준어로 된 교과서로 배우고 표준어로 쓰고 말하도록 교육받는다. 교육을 받는 과정에서 다른 지역에서 공부해야 할 때도 있고 해외 유학을 해야 할 때도 있다. 배움의 단계가 높아질수록 특정 분야의 전문적 지식과 기술을 습득하게 되니 그 분야에서만 쓰는 용어와 표현에 익숙해진다. "많이 배야 뽄때 있게 말할 줄 안다." 충청도의 어느 시골 마을에 사는 부모는 이런 말을 하며 자식을 교육시킨다. 그 덕에 대학을 마친 자식은 부모의 그 말을 "매너 있는 말투, 배움으로 형성된다"로 바꾼다.

배움의 과정에서 표준어가 강요되기는 하지만 이 표준어는 그 말을 쓰는 사람을 '전국구'로 만들어 주는 장점이 있다. 어떤 사람이 공식적인 자리에서 특정 지역의 말을 쓴다면 그 지역 사람들은 반가워할지 모르나 다른 지역 사람들은 거부감을 느낄 가능성이 크다. 그 사람이 정치인이라면 더더욱 지역적 반감을 불러일으켜 전 국민에게 호감을 살 수 있는 정치인으로 성장하기 어렵다. 굳이 이러한 이유가 아니더라도 표준어를 쓰면 어느 지역의 사람과도 통할 수 있는 준비가 된 것이기도 하다.

누구나 배움의 과정을 거치면 어법에 맞는 문장을 조리 있게 구사할 수 있게 된다. 국어 시간에 어법과 말을 잘하는 법을 배우지만 단지 이 수업 때문에 바른 문장을 조리 있게 말할 수 있게 되는 것은 아니다. 지식이 축적되면 그 분야의 전문가가 되고 사고가 깊어지면 그것을 차분하게 전할 수 있는 준비가 된다. 어법에 맞지 않는 말을 횡설수설하게 되는 주된 이유는 어법을 몰라서가 아니라 내용을 알지 못해 충분한 사고를 할 수 없었기 때문이다. 따라서 많이 배운 전문가는 자연스럽게 이를 극복해 어법에 맞는 문장으로 또박또박 말할 수 있게 된다.

다양한 관계와 복잡한 상황에 대한 이해도 '배운 사람'의 말투를 형성하는 데 많은 영향을 미친다. 배움의 과정에서 만나게 되는 다양한 사람들은 저마다의 상황에 따라 개별적인 관계를 맺게 된다. 서로의 관계에 따라 해야 할 말과 하지 말아야 할 말에 대한 판단도 명확해진다. 그리고 이전에는 겪어 보지 못한 다양한 상황과도 마주치면서 각각의 상황에 맞는 행동과 말도 이해할 수 있게 된다. 이 모든 관계와 상황에 대한 이해가 궁극적으로는 매너를 형성하게 되는데 그 매너를 겉으로 드러낼 수 있는 가장 손쉬운 방법 중 하나가 바로 말투이다.

적절한 어조, 어법에 맞는 문장, 적재적소에 사용된 단어와 표현, 이해하기 쉽게 잘 구성된 이야기, 이 모든 것이 완벽하게 갖춰진 말투라면 누가 들어도 반길 만한 말투이다. 교육에서는 이러한 말투를 지향하지만 교육을 많이 받았다고 반드시 이러한 말투를 갖추게 되는 것은 아니다. 정규교육이 이러한 배움이 체계적이고 손쉽게 이루어지도록 돕지만 그 결과가 모든 이에게 동일하게 나다나는 것도 아니다. 정규교육을 통한 교육이 아니더라도 개인에게 주어지는 삶의 공간에서 얼마든지 배움을 이어나갈 수 있다.

● 사농공상의 말투?

신분과 직업이 밀접한 관련이 있었던 시기에 사농공상(士農工商)은 직업의 분류체계인 동시에 신분의 분류체계이기도 했다. 가장 높은 신분의 선비는 학문에 정진하고 관리로 등용되어 통치와 행정을 담당했다. 그다음으로는 농민과 공인은 생산자로서, 상인은 판매자로서 저마다의 역할을 수행했다. 오늘날에는 이 신분과 직업체계를 그대로 적용하기는 어렵지만 사(士)는 사무직이나 관리직, 농(農)과 공(工)은 생산직, 상(商)은 서비스직에 대응시킬 수 있을 것이다.

선비, 사무직, 관리직은 '많이 배운 사람'이자 '높은 사람'이니 배운 만큼, 그리고 지위에 걸맞은 말투를 구사할 가능성이 높다. 반면에 농민과 공인, 그리고 생산직은 상대적으로 덜 배운 사람이자 다소 험하고 거친 말을 쓸 것이라는 통념이 있다. 마지막으로 상인과 서비스직은 이재에 밝고 남의 비위를 잘 맞추는 사람들이니 그것이 말투에도 드러날 것으로 생각한다. 결국 가장 높은 지위에 있는 선비, 사무직, 관리직의 말투는 높게 평가하는 반면 나머지는 그보다 못한 것으로 평가한다는 점을 알 수 있다.

그렇다면 선비, 사무직, 관리직의 말투는 본받을 만한 말투이고 나머지 부류의 말투는 지양해야 하는 말투인가? 배움이 직업 및 계층과 밀접한 관련이 있고 많이 배우는 과정에서 이상적인 말투를 형성해 갈 가능성이 높다. 그러나 이들의 말투가 가장 본받을 만한 말투여서 말매무새를 갖추는 데 반드시 활용해야 하는 것은 아니다. 많이 배운 티가 말에서 배어나면 듣는 이는 그 사람이 젠체한다는 느낌을 받게 된다. 바르고, 정확하고, 조리가 있는 말일지라도 반드시 듣기에 기분이 좋고 편안한 말투라는 보장은 없다.

다소 거친 분류이지만 농민과 공인, 즉 생산직은 자신들에게 말하고 다른 부류는 남에게 말한다. 작물과 가축을 기르는 이들은 서로 함께 일하며 소통하고 협력하는 것이니 자신들에게 말하는 셈이다. 반면에 선비와 관리직은 자신의 뜻대로 부리거나 명령하려 말하니 남에게 말하는 셈이다. 상인과 서비스직 또한 남에게 말하는데 남의 마음에 들기 위해, 그리고 그 마음을 움직이기 위해 말한다. 이런 기준으로 보면 많이 배운 높은 사람의 말은 듣기에 곁고 기분 좋은 말은 아니다. 반면에 생산을 위해 땀을 흘리는 사람들의 말은 생산성을 높이기 위한 효율적인 말이고, 물건을 팔거나 서비스를 제공하는 사람들의 말은 남의 마음을 얻기 위한 부드럽고 친절한 말이다.

여기 각 분야의 전문가가 있다. 건설현장의 '노가다'와 병원 수술실의 '지에스(GS, General Surgeon, 일반 외과 의사)'가 있다. 노가다는 '오야지'의 명령에 따라 '공구리 치기'를 하기도 하고 '미장 시아게'를 하기도 한다. 지에스 또한 '치프'의 '오더'에 따라 '소우 업(sew up)'을 한다. 법정에서 '김프로'는 공소장의 내용을 확인하고 '박변'은 변론을 시작한다. '헤라시보리' 공장의 이 주임은 둥그런 '스뎅' 철판으로 냄비를 만들어 내고 봉제공장의 '미스 김'은 '나나인치'로 '브라우스' 단추 구멍을 만든다. 모두 각 분야의 전문가들이고 전문용어를 쓰며 자신들에게 맡겨진 일을 해낸다.

그런데 지에스, 김프로, 박변의 말에 대한 대우와 노가다, 이 주임, 미스 김의 말에 대한 인식과 평가는 사뭇 다르다. 전자는 배운 사람들이 쓰는 멋진 말이지만 후자는 못 배운 사람들이 쓰는 걸러지지 않은 말 취급을 받는다. 이는 이들이 쓰는 전문용어의 기원과 정확성에 따른 평가이기도 하지만 배운 사람과 못 배운 사람, 혹은 상류층과 그렇지 않은 계층 사람들의 말에 대한 선입견이 작용한 결과이기도 하다. 이런 선입견을 제거하면 모두가 해당 분야의 전문가들이 그들끼리 소통하며 원활하게 협력하기 위한 말일 뿐이고 이에 대한 평가는 그들 스스로 해야 하는 문제일 것이다.

남을 부리는 말과 자신들끼리 소통하기 위한 말을 제외하면 남는 것은 남의 마음을 사기 위한 말인데 이는 물건을 팔거나 서비스를 제공하는 이들의 말이기도 하다. 미용사가 손님을 대하는 말투, 간호사가 환자를 대하는 말투, 커피 전문점의 '알

바'가 주문을 받고 커피를 내줄 때의 말투는 확연히 다르다. 여기에 잘못 사용한 용어, 어법에 맞지 않는 문장이 있을 수 있다. "주문하신 커피 나오셨어요"와 같이 사물 존대를 지나치게 사용한 예도 있다. 배운 사람들, 남을 부리는 사람들의 기준으로 보면 부적절한 말투일지도 모른다. 그러나 물건을 살 사람, 서비스를 받을 사람의 처지에서는 충분히 흡족한 말일 수도 있다.

직업과 계층에 따른 말투의 차이는 실체를 분명히 밝히기는 어려워도 모두가 어렴풋이 알고 있다. 많이 배운 상류층의 말이 바른 말일 가능성이 높고 그들이 매너를 갖춰 말한다면 그 말투는 본받을 필요가 있을 것이다. 그와 동시에 전문가들이 현장에서 쓰는 말도 그들의 소통과 협력에 효율적이라면 충분히 존중되어야 한다. 그러나 바람직한 말매무새를 갖추기 위한 최고의 말투는 남의 마음에 들어 그 마음을 움직이고자 하는 말이다. 물론 말을 듣는 입장이 된다면 말하는 이의 정성스러운 마음을 읽어 낼 준비가 되어 있어야 할 것이나.

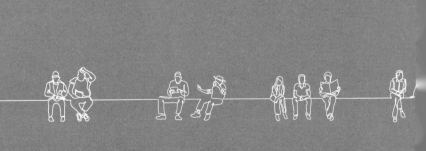

3

말짜임—말을 이루는 재료

"알라뷰."

영어를 모르는 꼬마 아이라도 이 말은 할 줄 알고 그 뜻도 안다. 아직 부끄러움을 잘 모르는 아이들은 이 말을 수없이 반복하며 주변 사람들에게 사랑 고백을 한다. 그런데 영어를 배우게 되면서 이 말이 'I love you'라는 영어 문장이고 이 문장을 이루는 각각의 요소를 파악하고 나서는 점점 입이 무거워져 함부로 말하지 못하게 된다. 더욱이 이 문장의 의미를 그대로 담아 한국어로 말하려고 하면 결정해야 할 것이 너무 많음을 느끼게 된다. 난지 수어, 복석어, 서술어 세 요소로만 구성된 문장이지만 수없이 많은 조합에서 최적의 조합을 찾아야 한다.

나는 / 저는 너를 / 당신을 / 그대를 사랑해 / 사랑해요 / 사랑합니다 / 사랑하옵니다.

산술적으로는 24개의 조합이 가능하지만 자연스럽게 쓸 수 있는 조합은 몇 안 된다. "나는 너를 사랑해"에서 시작해 "저는 당신을 사랑하옵니다"까지 다양한 조합이 가능한데 "나는 그대를 사랑합니다"는 조금 어색하고 "저는 너를 사랑하옵니다"는 많이 어색하다. 이는 재료, 양념, 조리법의 조합으로 만들어 낼 수 있는 요리의 차림에 비유할 수 있다. 같은 재료이지만 양념이나 조리법을 어떻게 달리 하느냐에 따라 다양한 요리가 만들어질 수 있고 먹지 못할 요리가 만들어질 수 있다. 재료, 양념, 조리법의 조합으로 다양한 상차림이 가능하듯이 말을 이루는 재료의 조합으로 다양한 '말짜임'이 가능한 것이다.

통상적으로 말은 듣는 이를, 글은 읽는 이를 전제로 하는 것이니 듣고 읽을 이를 어떻게 부를까를 결정해야 한다. 2인칭인 상대를 부르는 말을 '호칭'이라 하는데 이 호칭을 정하는 것이 말짜임의 첫 번째 과정이다. '너'는 어렵지 않게 쓸 수 있는데 '당신'과 '그대'는 과연 구어에서 자연스럽게 쓸 수 있는지 고민해야 한다. 시인은 "내가 그의 이름을 불러주었을 때 그는 나에게로 와서 꽃이 되었다"라고 멋지게 말하지만 현실에서 그렇게 말하기는 그리 녹록지 않다. 이름은 모든 이에게 붙여지는 가장 기본적이고 편리한 기호이지만 그 이름을 직접 부르는 경우는 많지 않다. 이름을 대신할 수없이 많은 말 중에서 모두가 만족할 수 있고 상황에도 맞는 호칭을 찾아야 한다.

말이나 글에 등장하는 '나'나 다른 이는 또 어떻게 가리켜 불러야 할지도 정해야 한다. 대상을 가리키는 말을 '지칭'이라 하는데 이 또한 호칭만큼 어렵다. 자신을 가리키는 1인칭과 말 속에 언급되는 대상을 가리키는 3인칭은 보통 대명사나 다른 말로 부른다. 그런데 대명사도 여럿이고 이름이나 다른 말을 써야 할 때도 있다. 시인은 '그'를 '꽃'이라 부르지만 시 밖의 공간에서는 이러한 지칭이 가능한지는 의문이 들 수도 있다. '당신'은 2인칭에도 쓸 수 있지만 극진히 높여야 할 3인칭에도 쓸 수 있으니 어렵다.

호칭이나 지칭은 대화에서 가장 먼저, 그리고 도드라지게 들리니 말로 인한 싸움의 발단이 되는 경우가 많다. '야, 너!'로 말이 시작된다면 이는 명확한 선전포고의 말이다. '사랑하는 당신'에서는 문제가 되지 않지만 상대를 '당신'이라고 부르면 "나를 당신으로 불렀어?"라며 싸움을 건다. 이름은 사람을 부를 수 있는 가장 기본적인 기호이지만 어머니가 딸을 '명효' 혹은 '강명효'라고 부르는 순간 딸은 순순히 야단을 맞거나 변명하거나 혹은 맞받아칠 준비를 해야 한다. 이런 이유로 호칭, 나아가 지칭은 말싸움의 첫 번째 요소가 된다.

말의 시작이 호칭이라면 끝은 어미인데 이 말끝 또한 신중히 선택해야 한다. '사랑해'와 '사랑합니다'는 단순히 음절 수에서만이 아니라 상대에 대한 높임의 정도에서도 차이가 난다. 상대에 대한 높임의 정도가 말의 끝에 드러나게 되는데 우리가 흔히 "말이 짧다"라고 하며 시비를 삼는 이유는 그 높임이 말의 끝에 표시되지 않았거나 낮추어 표시되기 때문이다. 이러한 높임은 말의 끝뿐만 아니라 호칭, 지칭으로도 드러낼 수 있고 조사나 어미에서 드러낼 수 있다. 나아가 특정한 단어를 사용함으로써 높임이나 낮춤을 드러낼 수도 있다.

상대나 대상을 높여서 말하는 법을 높임법이라 하는데 이것이 말짜임의 두 번째 요소가 된다. 한국어는 이 존대법이 매우 복잡한 편에 속한다. 듣는 상대편을 높이는 상대 높임법이 있는가 하면 문장의 주체를 높이는 주체 높임법도 있다. 이뿐만 아니라 대상을 높이는 객체 높임법도 있다. 한국어의 높임법 체계 자체도 복잡할 뿐만 아니라 이 높임법을 상황에 맞게 써야 하니 이 모든 것을 고려하면 높임법 체계는 고차방정식과도 같다.

호칭, 지칭, 존대법은 말하는 사람들 사이의 관계에 따라 결정되므로 '관계'는 말짜임의 세 번째 요소라 할 수 있다. '나'는 늘 같은 모습으로 '존재'해야 하겠지만 '관계'에 따라 그 존재는 늘 바뀐다. 결혼해 아이를 둔 중년 여성은 부모의 딸이기도 하지만 자녀의 어머니이기도 하다. 군대의 소대장은 부대원의 상급자이지만 다른 장교의 하급자이기도 하다. 어릴 적 소꿉친구가 같은 직장의 상급자가 될 수도 있고, 가족끼리 회사를 꾸렸다면 가족 내에서의 위계관계와는 다른 관계가 회사 내에 형성될 수 있다. 이러한 다양한 관계에 대한 고려는 호칭, 지칭, 존대법 등에 다양하게 반영된다.

관계는 '상황'에 따라 유연하게 달라질 수 있으니 상황은 말짜임의 네 번째 요소가 된다. 가족관계라 할지라도 가족끼리 있는가, 가족 이외의 사람들과 함께 있는가에 따라 말과 관련된 모든 요소가 달라질 수 있다. 직장 내의 관계는 이미 정해져 있지만 격식을 차려야 할 상황인가, 격식에 구애받지 않아도 되는 상황인가에 따라 말이 달라진다. 같은 내용이라도 얼굴을 마주 보고 하는가, 방송으로 하는가에 따라 말은 달라진다. 시시각각으로 달라지는 이 모든 상황에 따라 말도 달라지니 말은 수없이 다른 모습으로 짜여질 수 있다.

관계와 상황이 말짜임의 중요한 요소이지만 말하는 이의 '태도'에 따라 말은 얼마든지 달라질 수 있으므로 '태도'는 말짜임의 다섯 번째 요소로 꼽을 수 있다. 모든 것에 삐딱한 태도를 가진 이가 주어진 모든 관계와 상황을 무시한다면 말짜임은 사뭇 달라질 것이다. 음식을 먹는 이가 극단적인 채식주의자라면 재료와 양념 모두가 달라지고, 생식만을 고집하는 이라면 조리법의 선택이 근본적으로 달라진다. 이와 마찬가지로 말하는 이가 지극히 조심스럽고 겸손한 태도를 갖추었다면 모든 이를 높여 부르며 항상 존대법을 사용할 수 있다.

관계와 상황, 그리고 태도는 서로 맞물리며 호칭과 존대법 등 말짜임에 영향을 미친다. 관계와 상황은 선택할 수도 있지만 보통은 개인의 의지와 관계없이 주어지는 경우가 많다. 부모와 자녀의 관계는 태어나는 순간부터 정해지고 친구 관계나 직장 내에서의 관계는 사회생활을 하면서 자연스럽게 결정된다. 이 관계는 경우에 따라 사적인 상황이나 공적인 상황에 놓일 수도 있다. 사적인 상황이라면 격식을 차리지 않아도 되지만 공적인 상황이라면 격식을 차려야 할 경우가 많다. 이렇듯 관계와 상황은 선택이 아닌 당연, 또는 당위로 주어지므로 이에 따른 말짜임도 당연, 또는 당위로 여겨지는 경우가 많다.

그런데 태도는 개인의 선택이 작용할 수 있으므로 태도에 따라 관계와 상황은 무시되거나 중시될 수 있다. 사적인 관계를 중시하는 태도를 가진 이라면 모든 상황에서 사적인 관계를 바탕에 둔 말짜임을 유지할 수 있고 반대의 경우에는 공적인 관계를 바탕에 둔 말짜임으로 시종일관할 수 있다. 이 태도는 개인의 인성 문제일 수도 있지만 때에 따라서는 전략적 선택의 문제이기도 하기 때문에 말짜임에서 매우 중요한 요소로 작용한다. 지극히 공적인 관계인 이들이 공적인 상황에 놓여 있을지라도, 정서적 교감을 추구하는 태도를 드러내는 말짜임이 오히려 성공적일 수도 있다.

말짜임의 여섯 번째 요소는 앞에 나온 모든 요소의 바탕이라 할 수 있는, 말하고자 하는 알맹이, 곧 '내용'이다. 말과 글은 근본적으로 정보, 사고, 정서 등을 전달하고자 하는 목적이 있으므로 말과 글에 담아 내고자 하는 정보, 사고, 정서 등이 내용을 이룬다. 이 내용의 좋고 나쁨, 혹은 알차고 부실함에 따라 나머지 요소들이 더 빛나거나 빛이 바랠 수 있다. 이 또한 음식의 근본인 재료 자체가 좋으면 양념이나 조리법이 맛에 큰 영향을 미치지 않는 것에 비유될 수 있다. 아무리 나머지 요소를 잘 차려냈더라도 알맹이가 없다면 그 말짜임은 의미가 없다. 결국 바탕이 되는 내용을 관계와 상황에 적절한 태도를 취하면서 호칭과 존대법을 비롯한 모든 말로 잘 차려낼 때 비로소 바람직한 말매무새를 갖출 수 있는 것이다.

호칭과 지칭 - 부르고 가리키는 말

● 호칭과 지칭의 고차방정식

'나'만 있는 세계에서는 '나'라는 말이 필요 없으니 '너'가 있어야 '나'가 있다. 그리고 '나'와 '너'가 있으면 비로소 '우리'가 된다. 눈앞에 없어도 '그'와 '그녀'는 어딘가에 있고 '나, 너, 그, 그녀'가 모여 비로소 우리가 사는 세계를 완성한다. 이러한 세계에 사는 모든 이들은 서로 관계를 맺고 그 관계에 따라 서로를 부르고 불린다. 서로를 부르는 말을 호칭이라고 하고 누군가를 가리키는 말을 지칭이라 한다. 호칭과 지칭으로 대화가 시작되는데 이 호칭과 지칭이 지극히 어렵다.

음식점에 들어가 자리를 잡고 앉아 보니 저만치 떨어져 있는 30세가량 되어 보이는 사람이 메뉴판을 들고 있다. 나와 그 사람의 성별, 나이, 직업, 사회적 지위, 상황 등을 재빠르게 정리한 후 그 사람을 불러야 한다. 그 사람의 직업만 고려하면 "종업원!"이라고 부르면 되겠지만 그리 부르는 사람은 드물다. '총각/아가씨, 아줌마/아저씨'라고 불렀다가는 봉변을 당하기 쉽고, '삼촌'이나 '이모'라고 부르려면 이 음식점이 고급 레스토랑이 아니라는 확신이 있어야 한다. 그래서 어쩔 수 없이 선택하는 것이 '여기요' 혹은 '저기요'인데 이건 호칭이 아니다.

우리말의 호칭과 지칭을 제대로 하려면 엄청난 고차방정식을 풀어야 한다. 세상에 태어나 입을 뗄 무렵부터 성별을 구별해 아빠와 엄마를 달리 불러야 한다. 한 부모에게서 태어난 형제끼리는 태어난 순서는 물론 나와 상대의 성별까지 감안해 위로는 '형, 누나, 오빠, 언니'를 구별하고 아래로는 '동생, 아우, 누이' 등을 구별해야 하는데 위아래가 짝이 안 맞는다. 사돈의 팔촌으로 뭉뚱그려지는 일가친척들도 모두 정해진 호칭과 지칭이 있으니 그것을 익히면 된다.

그래도 이 방정식은 정답이 있으니 쉬운 편이지만 집 밖으로 나서면 답이 없는 고차방정식과 씨름해야 한다. 나와 상대의 나이, 그리고 친밀도를 고려해 '형, 누나, 오빠, 언니'부터 '삼촌, 이모, 고모, 어머님, 아버님, 할아버지, 할머니' 등등을 쓸 것인가 말 것인가 고민해야 한다. 상대의 직업과 직책, 나의 사회적 지위 등을 고려해 '선생님, 사장님, 사모님, 여사님, 과장님, 부장님' 등을 결정해야 한다. 이런 정보마저도 없을 때는 '너, 당신' 등을 써서 삿대질을 넘어 싸움에까지 이를 것인가, 아니면 눈이 마주칠 때까지 마냥 기다리거나 '여기요' 혹은 '저기요'를 쓸 것인가 선택해야 한다.

이토록 어려운 방정식이지만 몇몇 분명한 변수들은 그리 어렵지 않게 추출해 낼 수 있다. '나이'와 '성별'은 태어나면서 결정되고 주변의 '관계' 또한 필연적으로 결정되는 것들이 많다. 사회생활을 하면서 '직업' 및 그에 따른 '직책'과 '지위'가 선택과 필연으로 결정된다. 이런 변수들이 특정 '상황'과 맞물리며 호칭과 지칭이 결정된다. 나와 가장 가까운 곳에서 나와 함께 숨 쉬는 모든 이들이 이러한 변수 속에서 살고 있으니 여기에 상황까지 고려해서 살피면 호칭 및 지칭에 관련된 말짜임을 결정할 수 있다.

문제는 방정식의 변수들을 모르거나 그 변수에 따라 답이 어느 정도 정해진다는 것을 모르는 데 있지 않다. 호칭 및 지칭에 관련된 변수들이 유동적이고 그에 따른 답도 유동적인 것이 문제다. 게다가 시대의 흐름에 따라 변수와 답이 바뀔 수 있는데 기존의 답은 그 모두를 포괄하지 못하고 있다. 분쟁을 일으키지 않을, 서로가 만족할 수 있는 소통을 하기 위해서는 이 변수들을 어떻게 통제해 호칭과 지칭을 사용해야 할지 결정해야 한다.

● 티 안 나게 끌어안는, 그리고 함께 끌어 올리는

여기 친족 명칭인 '어머니, 형, 삼촌, 아저씨'가 있다. 가까운 친척이니 일상의 호칭에서도 흔하게 사용하는데 이들을 분해해 보면 매우 복잡하다. 촌수를 따지면 차례로 1촌, 2촌, 3촌, 5촌 이상이다. 부를 대상의 성별을 따져 보면 '어머니'만 '여성'이고 나머지는 '남성'이며, 부르는 주체의 성별을 따져 보면 '형'을 쓸 수 있는 이는 '남성'이어야 하고 나머지는 구별이 없다. 나이를 따져 보면 '형'은 부르는 이보다 나이가 많아야 하지만 나머지는 나이를 따지지 않거나 상황에 따라 다르다. '어머니'는 확실히 자녀가 있는 사람이지만 나머지는 역시 상황에 따라 다르다.

그런데 이 친족 명칭이 집 밖으로 나가면 모든 것이 혼란스러워진다. 피 한 방울 섞이지 않았는데 '어머니'라 부르고 불린다면 확실한 것은 불리는 이의 성별이 '여성'이라는 것, 그리고 '결혼했을 만한 나이'라는 것밖에 없다. 1촌 간에 쓸 수 있는 호칭으로 친밀함을 드러내는 것이니 '아줌마'보다는 낫지만 '결혼했을 만한 나이'로 낙인 찍히는 것, '나'라는 존재 자체가 아닌 누군가의 어머니로 인식되는 깃을 불쾌하게 여길 수 있다. 실제로 어머니이기는 하지만 당신의 어머니이고 싶지는 않다는 반감도 들 수 있다.

'형'은 집 밖에서 사용돼도 큰 무리가 없지만 누군가 '형씨'라고 바꿔 쓴다면 시비를 걸겠다는 의도가 배어 나오니 조심해야 한다. 모르는 이를 '삼촌'이라고 부른다면 그 상대가 자신을 나이가 어리다고, 혹은 하대해도 될 만한 직업을 가졌다고 얕

보는 것이라고 받아들일 수도 있다. '아저씨'는 '아줌마'와 짝을 이루어 결혼을 했어야 하는 나이로 보인다는, 딱히 높여야 할 이유를 찾을 수 없다는, 그래서 다양한 편견과 비하를 담아서 써도 된다는 표시일 수 있으니 많은 이들이 불쾌하게 여긴다.

호칭은 궁극적으로 다른 이들과 구별해서 특정 대상을 부르는 것이니 구별을 위한 속성을 호칭에 반영하는 것은 당연한 일이다. 그런데 이 속성에 꺼릴 만한 요소가 있는 것이 문제가 된다. 결혼하지 않았거나 결혼 여부를 판단 받고 싶지 않은 이들에게 '어머님, 아버님, 아줌마, 아저씨'는 영 불편하다. 나이는 벼슬도, 굴레도 아닌데 나이 때문에 '형씨, 삼촌, 아저씨, 아줌마'라고 불린다면 기분이 좋을 리 없다. 특별대우를 위한 구별이 아닌 이상 구별은 차별로, 차별은 편견과 비하로 나아가는 경우가 많다.

이 땅의 모든 말, 그리고 말의 주인들이 쓰는 말들을 살펴보면 이러한 속성을 티가 안 나게 끌어안는 사례가 종종 발견된다. '형'은 부르는 사람과 불리는 사람이 모두 남자여야 하지만 반드시 그런 건 아니다. 1980년대의 여대생들은 남자 선배들을 '형'이라 불렀고 지금도 그리 부르는 이들이 종종 있다. '형'의 반대말이라 여겨지는 '언니'는 여자끼리 쓰는 호칭이라 알고 있지만 서울과 경기 지역에서 남자끼리의 호칭으로 쓰이기도 했다.

제주도를 배경으로 한 현기영의 소설 『순이 삼촌』에서 '삼촌'은 남자가 아닌 여자이다. 함경도 지역에서의 '아재'는 오촌 당숙만을 가리키는 것이 아니라 이모, 고모, 숙모 등을 아우르는 말이다. 평안도와 황해도 지역에서는 아내의 부모, 즉 장인과 장모를 '가시아바이' '가시오마이'라는 표현으로 '아버지'와 '어머니'를 배우자의 부모에게도 쓴다. 이 땅의 모든 지역에서 남자 형제가 쓰는 '누이'는 굳이 손위와 손아래를 구별하지 않으며 '동생'은 굳이 성별을 구별하지 않는다.

호칭을 결정하는 다양한 속성 중에는 당연시되는 것들이 있지만 그것이 반드시 필연적인 것은 아니다. 남한 지역에서는 피를 나눈 남매 사이에만 쓰이던 '오빠'가 가족의 울타리를 넘어 손위의 남성 누구에게나 쓰이고 있지만 북한 지역에서는 이런 용법을 매우 낯설어 하거나 심지어 단속하기도 한다. '어머니, 아버지'는 나를 낳고 길러준 이에게만 써야 할 것 같지만 이미 현실에서는 처음 만난 이들을 아버지, 어머니라 부르는 사례가 넘쳐나고 이러한 용법에 대해서 진짜 어머니와 아버지도 딱히 불만을 가지지 않는다.

시장이나 공단 지역에 가면 '사장님'이 넘쳐난다. 많은 구멍가게나 혼자 운영하는 공장의 주인도 서로 사장님이라 부르고 심지어 상대가 사장이 아니어도 그렇게 부른다. 사장이 아닌 이들, 그리고 이 세계에 들어와 있지 않은 이들에게는 낯설지만

모두가 함께 높은 자리에 오르게 되니 나쁠 것이 없다. 요즘에
는 '사장님'이 '대표님'으로 격상되고 있다. 대표님으로 불리려
면 더 어엿한 기업이어야 할 것 같지만 그렇지 않아도 상관없
다. 이 역시 함께 끌어올리려는 노력이니 결국은 모두가 함께
높은 자리에 오르는 결과가 된다.

'가시아바이/가시오마이'가 따뜻하게 들리는 것은 '장인/장
모'에서는 잘 드러나지 않는 아버지와 어머니가 포함되어 있기
때문이다. 그런데 요즘 한국어에서는 '아내'를 뜻하는 '가시'마
저 떼어 내는 작업들이 이루어지고 있다. 사위가 장인/장모를
'아버님/어머님'이라고 부르는 시도는 꽤 오래되었다. 며느리
들도 그 뒤를 따라 '시아버지/시어머니'에서 '시(媤)'를 떼어 내
는 것에서 그치지 않고 '엄마/아빠'라 부르는 시도도 하고 있다.
이런 시도들이 처음에는 낯설지만 몇 번 들으면 익숙해진다.

피의 농도를 따져서 호칭을 반드시 구별해야 하는 것은 아
니다. 나이, 성별, 직업, 지위 등을 반드시 고려해야 하는 것도
아니다. 이런 요소들을 티 나게 구별하는 호칭이 불편할 수 있
다면 그 티를 안 나게 하는 것도 방법이다. 우리는 형제간에 성
별과 나이를 따지지만 영어에서는 그저 'Brother'와 'Sister'로
통합해서 쓴다. 영어의 이런 방식이 좋으니 따라하자는 의미는
아니다. 반드시 구별해야 한다고 믿는 기준이 절대적인 것은 아
니라는 사실만 확인하면 된다.

호칭에서 '티 나는' 속성을 걷어 내는 작업은 정답이 있지 않다. 누군가 그 정답을 제시할 수 있는 것도 아니다. 결국 말의 주인들이 집단지성으로 해결해야 하는 문제이다. '아저씨/아줌마, 오빠/언니, 어머니/아버지'가 집의 울타리를 넘어 쓰이게 되는 모든 과정이 그랬다. '형, 언니'에서 성별을 걷어 내는 작업, '아저씨, 아줌마'에서 나이와 결혼 여부를 걷어 내는 작업 또한 필요하다면 누군가 시도하고 주위 사람들의 평가를 받는다. 이렇게 티 나는 모든 요소들을 걷어 내면 결국 호칭으로 이름만 남을 수도 있다. 이것 또한 모두가 함께 만들어가는 흐름이라면 다가올 시대의 말매무새가 되기에 부족함이 없다.

● 내가 들으마, 너의 마음을

아이의 학교에 갔더니 한참 어린 선생님이 자신을 '어미님'이라 부른다. 이 어머니는 속으로 '내가 아이의 어머니이기는 하지만 선생님의 어머니는 아니잖아요?'라며 언짢아한다. 아파서 병원에 입원했는데 간호사가 자신을 '환자분'이라 부른다. 환자라고 불린 이는 속으로 '아파서 입원한 것도 서러운데 그렇게 콕 찍어 환자라고 해야 하나?'라며 불쾌해한다. 불리는 사람은 자신에 대한 호칭을 평가하고 그에 반응하기 마련인데 이런 반응 때문에 호칭은 늘 어렵고 다툼의 발단이 되기도 한다.

그런데 언짢거나 불편해하기 전에 부르는 이의 처지가 되어 생각해 보아야 한다. 학부모는 '선생님'이란 호칭을 쓴다. 자신이 만난 이의 직업이기도 하지만 아이의 선생님이기도 하니 그리 쓴다. 담임 선생님의 처지에서 보면 선택지가 많지 않다. 자신의 직업 때문에 '선생님'이라고 불리는 것을 감안하면 자신을 찾아온 이를 '학부모님'이라고 부를 수밖에 없다. 이것도 적절하지 않다고 여겨진다면 역시 아이를 기준으로 해서 '어머님'이라고 부를 수밖에 없다. 이름, 직업이나 직책, 일반적인 호칭 등등 아무리 고민을 해 봐도 정보가 적거나 정보가 있더라도 적절한 호칭을 찾기 어렵다.

환자는 자신을 치료하고 간호해 주는 이의 직업에 대한 분명한 정보가 있기 때문에 '간호사, 간호사님, 간호사 선생님, 선생님' 등의 호칭을 선택할 수 있다. 이와 대칭적으로 간호사의 처지에서 부를 수 있는 호칭은 '환자, 환자분', 그리고 이름에 '님' 붙인 것 정도밖에 없다. '간호사-환자'의 관계를 고려하면 '간호사님-환자님'이 되어야 하는데 '환자님'은 적절하지 않으니 차선으로 선택한 것이 '환자분'이다. '환자분'도 어색하게 느껴진다면 마지막 선택지는 '○○○님'이 될 수밖에 없다.

불리는 이는 스스로에게도 무엇으로 불리고 싶은지 물어봐야 한다. 자신이 전업주부라도 '주부님'으로 불리는 것을 원하지는 않는다. 자신이 대기업의 과장이거나 연구소의 박사여서 아이의 선생님으로부터 '과장님'으로 불리거나 병원의 간호사로부터 '박사님'이라 불리기를 원하는가? 정녕 그렇게 불리기를 원한다면 그렇게 불리지 않을 때 불쾌해하는 것에 그치지 않고 그리 불러 달라고 요청하는 것도 방법이다. 그러나 그 호칭이 상황에 맞는지, 혹은 부르는 이가 기꺼이 받아들일 수 있는 호칭인지도 함께 생각해 보아야 한다.

호칭은 누군가를 부르는 말이기도 하지만 그 대상을 부르는 이의 마음을 담은 표현이기도 하다. 그 마음을 어떻게 담을 것인가에 대한 고민은 부르는 이의 몫이고 그 마음을 어떻게 읽어 낼지는 불리는 이의 몫이다. 부르는 이와 불리는 이의 처지는 늘 뒤바뀔 수 있으니 귀로 듣기보다는 마음으로 들어 마음으로 이해하면 딱히 언짢거나 불쾌할 일도 없다. 누군가 싸움을 작정하고 던지는 호칭이 아니라면 나머지는 마음으로 듣고 마음으로 이해하면 문제 될 것이 거의 없다.

말을 연구하고 가르치는 이들 또한 부르는 이와 불리는 이의 마음을 헤아려 볼 일이다. 이들은 '고객님, 주부님, 환자분, 민원인분' 등의 말에 문제가 있다고 자주 지적한다. 이 호칭에 쓰인 '님'과 '분'의 쓰임이 부적절하다는 것이다. 이러한 지적은 결국 쓰지 말라는 것인데 그 판단이 어법으로는 적절하더라도 거기서 그치면 안 된다. 어쩔 수 없이 이런 호칭을 쓰는 이들의 마음을 헤아린다면 그에 대한 적절한 대안도 마련해야 한다. 고리타분한 원리원칙 외에 따로 제시할 수 있는 것이 없다면 말의 주인들의 선택을 묵묵히 지켜보는 것이 정답이다.

● 이름과 님의 마법

사람이 태어나면 이름을 받게 되는데 이 이름은 맨 처음 받은 호칭이자 세상을 떠난 후에도 남게 될 호칭이다. 과거에는 이름을 소중히 여겨 함부로 부르지 않기 위해 호(號)나 자(字)가 있었지만 오늘날에는 거의 쓰이지 않는다. 이는 이름 부르는 것을 피할 다른 방법이 생겼다는 것을 의미하기도 하지만 이름을 부르는 것이 예전처럼 꺼려지지 않는다는 것을 의미하기도 한다. 그 결과 오늘날 호칭의 기본은 이름에서 출발한다.

우리의 호칭 체계를 살펴보면 '이름+직책/직위+님'의 구조이다. '이순신 장군님'이나 '홍길동 의사 선생님' 등에서 알 수 있듯이 이름은 필수적이고 여기에 그 대상의 정체성을 드러낼 만한 직책과 직위를 밝힌 뒤 그 뒤에 '님'을 붙인다. 결국 태어나서 주어지는 이름에 그 사람이 살아가는 모습, 혹은 살다 간 행적을 살펴 호칭으로 삼는다. 살아가는 모습과 행적을 대표할 수 있는 것이 직업이고 직업에 따라 직책과 지위가 결정되니 이러한 구조가 가장 일반적이다.

그런데 수많은 직업과 직위/직책이 있지만 그것이 다 호칭에 쓰이는 것은 아니다. '선생, 박사' 등과 같이 사회적으로 인정을 받을 수 있는 직업과 학위, '과장, 팀장, 사장' 등과 같이 기업과 기관의 공식적인 직책 등은 호칭으로 자유롭게 쓰인다. 그러나 사회적 지위가 상대적으로 낮다고 여기는 직업은 잘 쓰이지 않는다. 그래서 '사원, 수위, 청소부' 등이 호칭으로 쓰이는 사례는 매우 드물다. 결국 직업과 직위/직책은 선망의 대상인 것만이 호칭에 사용될 수 있다.

호칭의 맨 뒤에 붙을 수 있는 것으로는 '군(君)'과 '양(孃)'도 있다. 그런데 이 호칭은 대상의 성별과 나이 등에 대한 제한은 물론 부르는 사람에게도 제한이 있어 매우 '티 나는' 호칭이다. 이 호칭으로 불리려면 나이가 20대 이하여야 하며 이 호칭을 쓸 수 있는 사람은 이보다 나이가 많고 사회적 지위도 높아야 한다. 이 호칭은 대상을 높이는 것이긴 하나 나이가 많고 사회적 지위가 높은 이가 그보다 적고 낮은 이를 부를 때 쓰는 것이니 그리 높인다는 느낌이 들지 않는다. 게다가 굳이 성을 구별해서 써야 한다는 것도 마뜩잖게 여겨질 수 있다.

'씨(氏)'는 쓰임이 매우 다양한데 그만큼 어려운 점도 있다. '홍길동'보다 '홍길동 씨'가 상대를 높이는 것은 분명하다. '길동아'라고 부르는 것보다 '길동 씨'라고 부르는 것이 높임과 친근함을 표시하는 호칭이다. 그러나 성 뒤에 바로 붙여 '홍 씨'라고 부르면 높이는 느낌은 사라지고 낮추거나 깔보는 느낌이 강하게 난다. 신문이나 방송에서도 '홍 씨'를 지칭으로 쓸 때는 대개 문제가 있는 상황에서 대상에 대한 높임을 배제한 용법이다. 따라서 '씨'는 공식적인 자리에서만 쓰이는 호칭으로 축소되고 있다.

이에 반해 '님'은 그 사용 영역이 점점 넓어지고 있을 뿐만 아니라 높임의 효과도 분명하게 표현해 내고 있다. 직업이나 직책만 부르는 '선생, 과장, 간호사' 등은 높임의 뜻이 없으나 '님'을 붙인 '선생님, 과장님, 간호사님'은 높임의 효과가 확실하다. 과거 대통령 뒤에는 '각하'를 붙였는데 이를 '대통령님'이라고 바꾼 뒤에는 높임은 유지되면서 위압감보다는 친근감이 높아졌다. 사람 이름 뒤에 '님'을 붙이는 것은 일반적인 용법은 아니었는데 가상공간에서 '홍길동 님'과 같은 용법이 일반화되면서 현실에서도 그 쓰임이 늘어나고 있다.

이런 상황을 고려해 볼 때 이름과 '님'의 결합은 티는 안 내면서 상대를 높이는 일반적인 용법으로 확대해 나갈 수 있는 방식이 되었다. 누군가를 '홍길동 님'이라고 부를 경우 나이, 성별, 직업/지위/직책 등은 모두 배제되었지만 높이는 느낌은 분명히 난다. 아직도 이름을 직접 부르는 것을 꺼리는 경향이 남아 있고, 이름을 직접 부르면 어색할 수 있지만 이름과 '님'의 결합은 티 안 나게 끌어안아 함께 끌어 올릴 수 있는 마법으로 발전할 가능성이 충분히 있다. 물론 마음을 담아 부르고 그 마음을 읽을 수 있을 때 가장 바람직한 말매무새가 될 수 있다.

높임말 낮춤말 - 나를 낮추어 너를 높인다

● 높임과 낮춤의 비례식

"어렵다. 어려워. 어려워요. 어렵습니다."

혼잣말이라면, 혹은 듣는 사람이 만만한 사람이라면 '어렵다'나 '어려워'라고 말하면 된다. 그런데 듣는 사람을 대우해 줘야 한다고 생각하면 '어려워요'나 '어렵습니다'를 선택해야 하고 때로는 '어렵네, 어렵소, 어렵사옵니다' 등도 고려해 봐야 한다. 한국어는 말의 끝에 어미가 반드시 있는데 그 어미에 듣는 이에 대한 대우의 정도를 표시해 줘야 한다. 한국어를 처음 접하는 이들에게는 이러한 체계가 있다는 사실 자체가 어렵게 느껴지고 한국어가 모국어인 이들에게는 이 체계 자체는 어렵지 않지만 이 체계를 적용할 상황 판단이 숙제로 남는다.

"먹다. 먹으시다. 잡수시다."

입을 통해 음식을 섭취하는 동작은 '먹'에 어미를 붙이면 되는데 누가 먹는지를 고려해야 한다. 높여야 할 대상이 아니라면 '먹다'를 쓰면 되는데 높여야 할 대상이라면 '시/으시'를 붙여야 한다. 그런데 '오시다, 보시다'를 생각해 '먹다, 자다'를 '먹으시다, 자시다'라고 쓰면 틀린 것은 아니지만 그렇게 쓰면 안 된다고 지적을 받는다. 이런 경우에 행동 주체에 대한 높임을 표현하려면 '잡수시다, 주무시다'를 써야 한다. 한편 주체에 대한 높임을 나타내기 위해 "손님, 손이 참 고우세요"라고 쓰는 것을 감안해 "손님, 커피 나오셨어요"라고 말하면 이건 안 된다고 한다.

"보다. 주다. 말하다."

이런 말들은 더 복잡하다. 그 대상이 '책'이면 '보다'를 쓰면 되지만 '선생님'이면 '뵙다'를 써야 한다. 선생님께는 '책을 주다'라고 쓰면 안 되고 '책을 드리다'라고 써야 한다. 선생님께 책을 드리면서 모르는 것이 있다면 '말하다'라고 하면 안 되고 '여쭙다'라고 써야 한다. 문장 속 주어의 행위가 미치는 대상을 높이는 것인데 특정 어미를 쓴다면 그나마 쉬울 텐데 이건 아니다. '보다-뵙다, 주다-드리다, 말하다-여쭈다' 등과 같이 단어마다 다르니 그저 외우는 수밖에 없다.

대화의 상대를 '너'라고 부른다면 자신을 '나, 우리'라고 하면 되지만 상대가 '선생님'이라면 '저, 저희'라고 해야 한다. "네가 먹는 것이 무엇인지 나한테 말해줘"라는 말을 선생님에게 하려면 "선생님께서 잡수시는 것이 무엇인지 저한테 말해주세요"라고 바꿔야 한다. 상대를 높이기 위해서 '우리 것' 대신 '저희 것'을 쓰니 역시 상대를 높이기 위해서 '우리 나라' 대신 '저희 나라'를 쓰면 갑자기 애국심을 의심받기도 한다.

"어렵다, 어려워"란 말이 절로 나오는 높임말의 체계다. 이런 복잡한 체계를 없앨 수는 없을까? 복잡한 높임법 체계를 불편해하는 이들은 영어와 같이 높임법 체계가 거의 없는 언어를 예로 들어 한국어에서도 그런 체계가 없으면 좋겠다거나 나아가 없애자는 말을 하기도 한다. 그러나 어떤 언어에 대해서도 우열을 논할 수 없듯이 높임법 체계의 존재 여부나 복잡성으로 언어의 좋고 나쁨을 가릴 수 없다. 또한 '실재'인 언어에 대해 누군가의 의지나 주장으로 '당위'를 강요하는 것도 결코 바람직하지는 않다. 따라서 한국어의 높임법 체계를 있는 그대로 받아들이면서 말매무새를 탐색해 가는 것이 필요하다.

높임법 체계는 이미 자연스러운 과정을 거치면서 단순화 및 합리화의 과정을 거치고 있다. 과거에는 '해라-하게-하오-하십시오'와 같은 네 개의 체계를 썼었는데 요즘에는 '해요-해' 두 개의 체계를 쓴다. 그저 높일 것인가, 말 것인가를 결정하기만 하면 되니 전혀 복잡한 체계가 아니다. 격식을 차려야 할 자리나 문어체에서는 '하십시오'를 쓰기도 하는데 이는 상황 판단만 정확하게 하면 문제가 되지 않는다. 한국어를 처음 접하는 외국인들에게는 이러한 높임법이 어렵게 느껴질 수도 있지만 적어도 모국어 화자에게 이 체계 자체가 근본적으로 어려운 것은 아니다.

문제는 상황에 맞는 적절한 높임법 체계를 찾아내려는 노력과 그 바탕이 되는 마음가짐이다. '높임'과 '낮춤'은 동전의 앞뒷

면과 같다. 상대, 주체, 객체 등을 높이면 그 말을 쓰는 사람은 저절로 낮춰지는 결과가 되기 때문이다. 높임을 받는 대상은 우월감을 느끼고 높이는 주체는 상대적으로 열등감 혹은 굴욕감을 느낄 수도 있다. 그러나 '나'를 낮추어 '너'를 높이는 것은 궁극적으로는 '우리'를 높이는 결과가 될 수 있다. '나'와 '너'의 처지는 늘 바뀔 수 있는 것이기에 어떤 '나'이든 '너'를 높이면 '우리'는 당연히 높임을 받는 대상이 되기 때문이다.

● '반말'과 '요'의 전성시대

오늘날의 높임법 체계는 '두루낮춤'으로 이름 지어진 '해'와 '두루높임'으로 이름 지어진 '해요' 두 가지이다. '두루'라는 말에서 알 수 있듯이 낮출 것인가 높일 것인가만 결정하면 된다. 이러한 체계의 수립 과정에는 '반말'과 '요'가 결정적인 역할을 했다. 반말은 보통 높이지 않는 말, 낮추는 말, 깔보는 말, 버릇없는 말로 여겨져 말로 인한 다툼의 원인이 되기도 한다. 그러나 오늘날에는 '높이지 않는 말'로서 높임법의 중요한 한 축을 담당하고 있다. '요'는 한때 여성의 말투로 취급이 되기도 했지만 오늘날에는 '높이는 말'로서 만능으로 쓰이고 있다.

'반말'은 사전에서 '대화하는 사람의 관계가 분명치 아니하거나 매우 친밀할 때 쓰는, 높이지도 낮추지도 아니하는 말'로 풀이된다. 이런 사전적인 정의와는 달리 반말에 대한 통상적인 이해는 높이지 않는 말, 혹은 낮추는 말이다. 그럼에도 불구하고 이러한 사전적 정의가 내려진 이유는 '반말'의 본뜻과 관련이 있다. '반말'의 '반'은 한자어인데 이에 해당하는 한자는 '反'이 아닌 '牛'이다. 한자 '牛'이 쓰인 것은 말을 반밖에 하지 않았다는 뜻이 아니라 다 하지 않았다는 것을 뜻한다. 즉 '가라, 먹어라'와 같이 문장을 끝내는 어미를 쓰지 않은 채 '가, 먹어'와 같이 종결어미 없이 문장이 끝난 말을 가리킨다.

반말은 불완전한 말일 수도 있는데 결과적으로 보면 획기적인 시도이기도 하다. 문장에서 상대에 대한 높임은 종결어미에 표현되는데 이 종결어미가 생략됨으로써 상대에 대한 높임이 문장에 드러나지 않게 되는 것이다. 그 결과 표면적으로는 높이지도 낮추지도 않는 것으로 보일 수 있지만 '높이지 않음'이 결국 '낮춤'으로 인식되는 통상적인 이해가 형성된 것이다. 이런 통상적 이해는 '했지, 먹었군, 재미있는걸'과 같이 '-지, -군, '-ㄴ걸' 등의 종결어미가 쓰인 문장들도 반말로 받아들이는 것으로 이어졌다.

종결어미를 생략해 상대에 대한 높임 여부를 문장에 드러내지 않는 것은 한국어의 복잡한 높임법 체계를 단순화하거나 아예 없애는 시도의 출발점이 될 수도 있다. 실제로 젊은이들의 문자 메시지나 온라인 매체의 문장에서 이러한 시도가 보이기도 한다. "어제 놀이공원에 갔어?"를 "어제 놀이공원에 갔?"과 같이 쓰는 것이다. 그러나 한국어 문장에서는 서술어가 핵심이고 서술어에는 종결어미가 결합해야 완전한 문장이 된다는 점에서 이러한 시도가 일반화되기는 어렵다.

높임법이 드러나는 종결어미를 피하는 새로운 시도는 명사형으로 문장을 끝내는 것이다. "어제 놀이공원에 갔어?"라고 해야 할 말을 "어제 놀이공원에 갔음?"이라고 쓰는 것이다. 이러한 명사형으로는 상대에 대한 높임을 드러낼 수 없기 때문에 결국 높임과 낮춤의 문제에서 중립성을 나타낼 수 있다. 이러한 용법은 본래 공문서나 보고서 등에서 시도되었는데 인터넷의 발달로 온라인상의 소통이 활발해지면서 '음슴체'라는 이름으로 널리 퍼지게 되었다. 비록 모든 계층이나 상황에서 자유롭게 쓰이고 있는 것은 아니지만 현시대의 말투로 정착된 것으로 보인다.

그런데 두루낮춤에 대응하는 짝인 두루높임의 '요'는 만병통치약처럼 높임법의 문제를 해결해 주었다. '요'가 어디서 왔는지 명확하게는 알 수 없으나 19세기 이후 등장하기 시작하여 20세기에 들어서는 주로 젊은 여성들의 말에서 사용되었다. 한때 여성의 말투, 혹은 '계집애들 말투'로 취급되며 군대를 비롯한 공식적인 자리에서 남성은 쓰지 말아야 할 말로 치부되기도 했다. 그러나 오늘날에는 극히 공식적인 자리를 제외하고는 남녀노소를 불문하고 두루 쓰고 있다.

'요'가 강력한 힘을 발휘할 수 있는 이유 중 하나는 문장의 어떤 요소와도 자유롭게 결합할 수 있다는 데 있다. 반말 '했어, 했지, 먹었군, 먹었는걸' 등의 반말에 '요'를 결합해 '했어요, 했지요, 먹었군요. 먹었는걸요'로 쓰면 바로 높임말이 된다. 심지어 '나는 오빠가 좋은 걸 어떡해'와 같은 문장을 '나는요 오빠가요 좋은 걸요 어떡해요'와 같이 문장의 각 요소에 붙어 높임을 나타낼 수 있다. 이처럼 어떤 요소에든 '요'만 결합하면 즉시 높임말이 되니 높임말 체계가 지극히 간결해졌다.

반말체의 두루낮춤과 '요'를 활용한 두루높임의 양분법 체계는 가장 단순한 높임법 체계이다. 이 양분 체계에서는 높일 것인가 말 것인가만 결정하면 된다. 높이고자 할 경우에는 다른 복잡한 어미 대신 필요한 요소에 '요'만 결합하면 된다. 그리고 그 외의 것, 즉 반말체는 '두루낮춤'으로 뭉뚱그려지지만 사실은 '낮춤'이 아니라 '높이지 않음'이라 봐야 한다. 이보다 더 단순한 높임법 체계는 있을 수 없고 상황 판단에 따라 '요'를 결합할 것인가 말 것인가만 결정하면 된다.

● 높임법의 끝

주체 높임법이나 객체 높임법은 어미를 통해 표현되는 상대 높임법보다 다소 복잡한 면이 있다. '할아버지께서 진지를 잡수신다'와 같은 문장에서 주체에 대한 높임은 어미 '-시-'뿐만 아니라 '-께서, 진지, 잡수시다'를 통해서도 드러난다. 나아가 '할아버지'도 '할아버님'으로 호칭하면 더 높이는 효과도 있다. 높이지 않는 것보다 높이는 것이 좋고 높일 것이면 최대치로 높이는 것이 좋은데 그 방법이 다양하고 복잡하다. 특히 어휘를 활용한 높임법은 따로 외우지 않고는 적용할 수 없기도 하다.

이러한 복잡한 방법은 점점 더 단순해지는 방향으로 나아갈 가능성이 있다. 규칙적으로 적용할 수 있는 '-시-'를 통한 주체 존대는 유지될 수 있으나 조사, 어휘, 호칭 등이 복합적으로 사용되는 높임법은 반드시 지켜야 한다고 강요하기 어려운 면이 있다. 이러한 면을 적용하면 '할아버시께서 신시를 삽수신다'는 '할아버지가 밥을 먹으신다'가 된다. 이러한 표현은 말을 완전히 깨우치지 못한 유아들의 말이나 한국어에 익숙하지 않은 외국인들의 말에서 자주 관찰된다. 아직까지는 이러한 문장이 적절하지 않다는 의견이 다수이지만 가장 단순한 주체 높임법을 적용하되 '티 나는' 다른 방법은 적용하지 않았다는 점에서 단순함의 장점을 가질 수는 있다.

높임의 정도 설정, 높임법의 단순화는 말하는 이가 결정할 것이기는 하지만 그 높임말을 듣는 이, 그리고 그것을 바라보는 이들과의 합의를 통해서 결정할 문제이기도 하다. 손녀가 "할아버지가 밥을 먹으신다"라고 말했을 때 엄한 할아버지라면 자신이 아는 높임법에 따라 바로잡으려 할 것이다. 그러나 손녀를 마냥 귀엽게만 바라보는 할아버지라면 문제라고 느끼지 못하니 이를 바로잡으려는 시도도 하지 않을 것이다. 이를 지켜보는 아이의 부모 또한 이 상황에 대한 판단의 기준을 어디에 두느냐에 따라 태도가 달라질 것이다. 긴 흐름으로 보면 이러한 상황에서의 경어법은 점차 단순화되거나 완화되는 과정을 겪고 있다. 이 흐름은 대화에 참여하는 모든 이들의 합의에 따른 결과이기도 하다.

높임의 체계를 단순화하는 것과는 반대로 지나치게 사용하는 것이 문제가 되기도 한다. "고객님께서 주문하신 커피께서 나오셨습니다"와 같이 높임을 나타내는 요소를 극단적으로 사용하는 것뿐만 아니라 간접 높임의 방법으로 사물을 높이는 것이다. 간접 높임이란 '선생님 손이 참 고우시네요'나 '할아버지는 발이 넓으시다'에서와 같이 '선생님'과 '할아버지'를 높이기 위해서 '손'과 '발'을 높이는 방식이다. 이러한 간접 높임은 용인되는 방식이었는데 이것이 서비스업 종사자들의 말투에서 극단적으로 사용되는 것이 문제로 지적된다.

수없이 지적된 사물 존대의 문제점은 그러한 표현을 쓰는 이들도 충분히 인지하고 있다. 이런 표현을 쓰는 서비스업 종사자들은 서비스를 제공하는 위치에 있는 동시에 다른 상황에서는 서비스를 받는 위치에 있다. 이런 이유로 이러한 표현을 어색해하기도 하고 자신이 그러한 표현을 쓰는 것에 자괴감을 느끼기도 한다. 그럼에도 불구하고 이러한 표현이 사라지지 않는 것은 어법에 대한 이해가 부족해서가 아니다.

말은 소통을 위한 것이고 말에서 존대의 양상은 말하는 이와 듣는 이, 그리고 그것을 관찰하고 관리하는 이의 합의 아래 결정된다. 극단적인 사물 존대를 하는 이가 그 문제점을 알면서도 쓴다면 이는 듣는 이, 혹은 관찰하거나 관리하는 이의 탓일 수도 있다. 서비스를 받는 이들은 존중을 받고 싶어 하고 서비스를 제공하는 이는 존중을 표현해서 이득을 얻을 수 있다면 그런 느낌을 주기 위해 노력한다. 커피를 주문한 이도 '고객님께서 주문하신 커피께서 나오셨습니다'란 말이 어색하나는 것은 알지만 이 말에 담긴 존대의 맥락이 기분 나쁠 이유는 없다. 서비스를 제공하는 이나 관리하는 이 또한 이로 인해 이득을 얻을 수 있다면 쓰지 못할 이유도 없다.

결국 극단적인 높임법의 문제는 말하는 이의 문제가 아닌 대화를 둘러싼 모두의 문제이니 모두의 합의를 통해 방향이 잡힐 수밖에 없다. 지나친 사물 존대는 이미 옳고 그름의 문제를 떠난 사안일 수도 있다. 즉 어법에 맞고 틀리느냐가 아니라 이러한 표현이 사용되는 맥락에서 그런 표현이 필요하냐 아니냐에 따라 결정될 수밖에 없다는 것이다. 말을 듣는 이가 이러한 표현에서 우월감을 느낄 수 있다면, 말을 하는 이가 이러한 표현을 통해 이득을 얻을 수 있다면 이러한 표현은 계속될 것이다.

어쩌면 더 많은 시간이 지난 후에는 이러한 표현이 새로운 말투로 자리 잡을 가능성도 있다. 이것이 문제라면, 그리고 해결해야 할 사안이라면 모두가 함께 고민해야겠지만 말씨나 말투는 소수의 '지적질'에 의해 결정되는 것이 아니라 사용자의 '영리한 선택'으로 결정되는 것이다. 사물 존대를 비롯한 높임법과 관련된 말매무새 또한 영리한 선택에 합리적인 선택까지 더해지길 바랄 수밖에 없다.

관계와 상황, 그리고 태도 - 말을 둘러싼 모든 것

● 참여자와 관찰자

"아범은 밥 안 먹는대?"

"걔는 속이 좀 안 좋아 밥 못 먹겠대요."

"아범은 누구고, 걔는 누구야?"

이 세 문장의 화자를 추론해 보자. 노년층은 차례로 '시아버지-며느리-손주'를 화자로 꼽을 것이고, 중년층은 '시아버지-시어머니-손주'를 화자로 꼽을 것이다. 그러나 청년층은 종잡을 수 없는 상황에서 자신들도 세 번째 화자와 같이 물을 가능성이 높다. '아범'은 결혼한 아들이 아이가 있을 경우 높여서 부르는 말로서 '어멈'과 짝을 이룬다. 과거에는 당연히 써야 할 호칭이자 지칭이었으며 요즘은 잘 안 쓰고 있더라도 중년증까지는 그 쓰임을 알 수 있으니 대화 참여자를 추정할 수 있는 열쇠가 된다.

문제는 두 번째 문장 속의 '걔'이다. 이는 '그 아이'의 준말이니 결코 높이는 말이 아니다. 따라서 시부모는 자신들의 자식이니 '걔'라 쓸 수 있지만 아내는 자신의 남편을 이리 가리킬 수는 없다. 그럼에도 불구하고 두 번째 문장의 화자가 며느리일 수도 있는데, 과거에는 당연히 이렇게 말해야 한다고 믿었기 때문이다. 자신의 남편이 시부모에게는 '걔'이니 시부모님을 기준으로 이렇게 말해야 한다는 것이다. 이는 대화 상황에서 나와 상대의 관계, 나아가 말하는 내용 속의 대상과 상대와의 관계까지 고려해야 함을 말해 준다.

말짜임에서 대화 참여자의 관계는 매우 중요한 요소이다. 기본적으로는 화자와 청자의 관계가 가장 먼저 고려된다. 화자와 청자가 전혀 모르는 사이라면 일반적인 기준인 나이, 성별, 지위 등을 고려해 호칭, 지칭, 높임법이 결정된다. 그러나 앞의 세 번째 문장에서 알 수 있듯이 친밀한 가족관계에서 귀염을 받는 손주는 부모와 조부모에게 반말을 쓰고 그것이 허용되기도 한다. '아는 사람'은 모르는 사람과는 달리 어떻게 아는 사이인지에 따라 비교적 자유롭게 말을 주고받을 수 있다. 이는 친밀도에 따라서도 말짜임이 비교적 자유롭게 허용된다는 것을 의미한다.

그런데 주변에서 대화의 상황을 보고 듣는 관찰자도 말짜임의 중요한 요소이기도 하다. "오빠, 우리 오빠가 내일 저녁 같이 먹재"와 같은 문장이 있을 때 문장 속에 두 차례 등장하는 '오빠'에 대한 해석에 따라 평가가 달라질 수 있다. 앞의 오빠가 '아는 오빠'라면 친오빠가 두 사람을 저녁에 초대한 상황이니 별문제가 되지 않는다. 그런데 부부가 하는 대화를 시부모가 듣는 상황이라면 혀를 끌끌 차는 소리를 들어야 할 수도 있다. 아내가 남편을 '오빠'라고 부르는 것을 나이 든 세대들은 이해하기 어려울 수도 있으니 말을 할 때는 주변의 관찰자 또한 고려할 필요가 있다.

말은 일차적으로 주고받는 대상 간의 문제이니 호칭이나 높임법 등은 둘 사이에 정하면 된다. 서로를 부를 때 통상적인 호칭을 쓰든, 암묵적인 동의하에 둘만의 호칭을 쓰든 그것은 알아서 정할 문제이다. 설사 둘 사이에 합의된 호칭이 통념에 맞지 않더라도 당사자가 괜찮다면 시빗거리가 아니다. 높임말 사용 여부도 마찬가지여서 둘 사이의 친밀도나 합의 여부에 따라 자유롭게 결정할 수 있는 문제이다.

그러나 현실에서는 주위에 있는 이들의 눈치를 보거나 그들의 참견을 감내해야 한다. 손주가 할머니, 할아버지에게 반말을 쓰면 당사자들은 귀여워서 용인하지만 아이의 부모는 존댓말을 쓰라고 핀잔을 준다. 부부 사이에 '자기, 오빠, 아빠'와 '자기, 마누라, 와이프'라고 부르는 것 또한 집안 어른들이나 언어 예절을 지켜야 한다고 믿는 '꼰대'들에게 지적을 받는다. 대학에서 학번이 다른 친구끼리 반말을 쓰는 것, 군대에서 사병끼리 계급이 아닌 나이에 따라 존대하는 것 또한 동료와 선후배의 눈치를 보아야 한다.

이렇듯 관찰자 혹은 주위 사람의 참견과 지적질이 불편하기는 하지만 말짜임에서는 반드시 고려해야 하는 요소이다. 말은 주고받는 사람과의 직접적인 소통뿐만 아니라 주위의 모든 사람과 원활한 소통을 하는 것이 근본적인 목적이기 때문이다. 그러나 이를 역으로 적용하는 것도 필요하다.

"희중아, 아버지 저녁 잡수시라고 해라?"

"할아버지, 아까 여쭤 봤는데 속이 안 좋으셔서 못 드신대요."

과거의 기준으로 하면 대화 속의 할아버지와 손자 모두 틀렸다. 할아버지는 자신의 아들에게 '먹다'가 아닌 '잡수시다'를 쓰고 있으며 손자는 할아버지에게 말하면서 아버지를 높여 '여쭈다'와 '드시다'를 쓰고 있다. 그러나 이 대화를 들여다보면 이런 용법이 충분히 이해가 된다. 할아버지는 손자를 기준으로 말하고 있고, 손자는 자신과 아버지의 관계를 고려해서 말하고 있다. 이러한 관계와 그 관계에 대한 판단이 보인다면 굳이 틀렸다고 볼 문제도 아니다.

말짜임에서 참여자와 관찰자에 대한 고려는 반드시 필요한 것이기는 하다. 그러나 그 관찰자가 참견자가 되는 것은 꼰대가 되는 지름길이기도 하다. 궁극적으로는 '대화의 주인'이 결정해야 하는 문제이고 이들의 합의와 사용 양상이 다른 말의 주인 모두에게 자연스럽게 이해되는 것이 바람직하다. '낄 때는 끼고 빠질 때는 빠져라'는 말을 줄인 '낄끼빠빠'는 온통 된소리만으로 이루어졌기 때문에 가뜩이나 줄임말에 대한 시각이 곱지 않은 상황에서 더 안 좋게 들리는 말이다. 그러나 '참여자'가 아닌 '참견자'로서 누군가를 불편하게 한다면 되새겨 볼 만한 말이다.

● **주변의 공기**

여기 가족끼리 운영하는 자그마한 공장이 있다. 아버지는 사장으로서 공장 전반의 책임을, 아들은 부장으로서 실질적인 생산을, 손녀는 판매와 회계를 담당하고 있다. 이들은 혈연관계이니 이 관계가 말짜임에서 가장 우선시된다. 그러나 이들이 공장에서 공식적인 일을 하는 상황이라면 달라진다. 사장이 아니라 아버지로서 집안에서 하듯이 아들에게 호통을 치고, 회계 담당자가 아니라 손녀나 딸로서 자신의 실수를 어리광으로 무마하려고 한다면 이 공장은 제대로 유지되기 어렵다. 다른 업체 관계자가 방문했는데 부장이 사장을 아버지라 부르고 회계 담당자에게 '얘, 쟤'를 쓴다면 이 관계자는 이 회사를 좋게 볼 리가 없다.

이는 말짜임에서 상황이 매우 중요하게 작용할 수 있음을 말해 준다. 가족끼리 있을 때는 그들만의 질서 체계가 유지되면 되지만, 가족이라도 다른 조직에 속해 있는 상황이면 그 조직의 논리에 따라 움직여야 한다. 가족관계가 계속 유지되는 상황일지라도 그 자리가 격식을 차려야 하는 자리인가 그렇지 않은 자리인가를 따져 보아야 한다. 외부 업체 관계자는 상대를 사장이나 부장으로 만나는 것이지 아버지와 아들로 만나는 것은 아니다. 다른 사례로 방송에 출연한 이가 자신과 친분 있는 선배를 '○○형'이라고 언급하거나 후배를 아무런 호칭 없이 '□□이'라고 할 수도 있으나 시청자들의 처지에서는 그 대상이 형이나 동생이 아니기 때문에 역시 적절한 호칭은 아니다.

　말을 둘러싼 상황은 시시각각으로 변하기 때문에 말짜임에서는 상황에 대한 판단이 필수적이다. 일상의 대화에서 반드시 표준어를 사용해야 하는 것은 아니지만 공식적인 상황에서는 표준어 사용이 요구된다. 반면에 오랜만에 고향에 방문했을 때 고향 사람들에게 표준어로 말하려 한다면 오히려 원활한 소통에 장애가 될 수 있다. 법조계 인사나 언론계 인사가 정치권에 진출해 공식적인 자리에서 선후배를 이전 조직의 체계에 따른 호칭으로 부르는 것이나 이전 조직의 말투를 그대로 사용하는 것 역시 용인되기 어렵다. 정치에 투신하는 순간부터는 모든 공식적인 말은 그들이 늘 섬긴다고 주장하는 '국민'이 대상이 되어야 한다.

　상황에 따른 말짜임의 문제는 가정과 가정 밖에서도 마찬가지이다. 집안에서는 자녀를 소중한 마음으로 대하면서 '공주' 혹은 '왕자'라 부를 수 있고 그에 걸맞은 높임법을 쓸 수도 있다. 그러나 집안에서만 공주와 왕자일 뿐 밖에서도 그리 대했다가는 오히려 아이에게 악영향을 끼칠 수 있다. 장성한 아들이나 사위를 대접하기 위해 법조인이라면 'O영감'으로, 학자라면 'O 박사/교수'로 부르는 것 또한 마찬가지다. 가족끼리 있을 때는 그것이 미덕일 수 있으나 다른 이들과 있으면 그저 한 사람의 아들이나 사위일 뿐이다.

높은 지위에 오를수록 지켜보는 눈과 듣는 귀가 많아진다. 일거수일투족이 카메라에 잡히고 입에서 나오는 말이 모두 녹음된다. 일을 마친 후 넥타이를 풀고 술잔을 기울이며 말할 수 있는 순간이 아니라면 늘 주변의 공기를 살펴야 한다. 주변의 시선이 명확히 감지된다면 욕설, 반말, 원색적인 비난과 저주의 말은 결코 나올 수 없다. 가족끼리 있을 때 입는 옷과 손님이 왔을 때 입는 옷이 다르듯이 상황에 나른 말싸임은 늘 달라져야 한다.

● '너'에 대한 '나'의 마음가짐

"주말에 부모님께 효도했어?"

"말이 삐딱하네. 주말에 너 안 만났다고 따지는 거야?"

"뭐가 삐딱하다고 그래, 부모님 뵈러 간다기에 잘 다녀오라고 했잖아."

"그럼 우리 부모님 안부부터 물어야지."

연인 사이인 두 사람의 대화, 그런데 짤막한 대화지만 싸늘한 냉기가 느껴진다. 첫 문장은 그저 있는 그대로의 사실을 묻는 것처럼 보인다. 그런데 그 말을 들은 상대가 날 선 반응을 보인다. 그 말에 억울함을 호소하지만 상대는 여전히 마음이 풀리지 않는다. 아마도 오랫동안 쌓여 온 불신이나 불만이 있는 듯 보인다. 아무래도 이들의 문제는 말 자체가 아니라 서로에 대한 마음가짐에 있는 것으로 보인다.

어떤 일이나 상황 따위를 대하는 마음가짐을 '태도'라 한다. 이 대화를 바탕으로 이 연인들의 서로에 대한 태도를 추론해 보자. '효도'를 언급한 이 말은 다시 들여다보면 뭔가 뼈가 있어 보인다. 주말이 지나고 만난 사이라면 주말에 잘 지냈는지를 묻는다. 부모님을 뵙고 온 사실을 안다면 부모님의 안부를 묻는 것이 먼저이기도 하다. 그런데 대뜸 효도를 들먹이는 것은 '주말에 만나자고 했더니 부모님 뵈러 간대서 못 봤잖아. 부모님께 효도한답시고 내 주말을 망쳐?'라는 힐난이 압축된 표현일 수도 있다.

표면적으로 보면 큰 문제가 없어 보이는데 계속 날 선 반응을 보이는 것도 문제다. 상대가 효도했냐고 물었다면 '효도하라고 보내 준 덕분에 그동안의 불효를 조금은 만회했어'라고 대답할 수도 있다. 이렇게 대답이 나왔다면 '다음에 나도 같이 가서 효도하게 해 줘'라며 자연스럽게 대화를 이어나갈 수도 있었을 것이다. 한쪽은 삐딱하고 한쪽은 날이 서 있으니 문제는 서로에 대한 마음가짐이다. 서로 사랑하지 않거나 신뢰하지 않으니 말이 곱게 들릴 수 없다.

말짜임의 다음 요소는 마음가짐, 곧 태도이다. 말하고자 하는 상대, 말을 하는 상황에 대해 어떤 마음을 가지고 있는가가 원만한 대화의 가장 중요한 요소이자 마지막 요소가 되는 것이다. 상대와 상황에 대한 태도가 삐딱하다면 아무리 고운 말로 좋게 말해도 결코 그렇게 들리지 않는다. 반대로 따뜻한 마음을 가진 이가 무슨 일이든 늘 공감하는 태도를 보여 왔다면 표현이 서툴러도, 심지어 말 한마디 안 해도 그 마음이 그대로 전달될 수 있다. 따라서 마음가짐은 '말을 어떻게 해야 한다' 이전의 문제이다. '말 한마디에 천 냥 빚도 갚는다'는 참으로 자주 언급되는 속담인데 자칫 '말재주'만을 강조하는 속담으로 오해되기 쉽다. 말을 잘하는 것만으로도 수없이 많은 문제를 해결할 수 있지만 그보다 근본적인 것은 말 이전의 마음가짐이다.

젊은이들 사이에서 새롭게 쓰이기 시작한 표현으로 'OO에 진심이다'라는 표현이 있다. 보통은 먹는 것 혹은 노는 것 등과 관련된 무엇이 빈자리를 채우지만 말매무새를 모색하는 상황에서는 이 자리를 '상대' 혹은 '상황'으로 채우는 것도 좋을 듯하다. 진심 어린 태도라면 말을 안 해도 천 냥 빚을 갚을 수 있다. 그리고 이런 마음가짐이라야 '말은 해야 맛이다'라는 속담이 진가를 발휘할 수 있을 것이다.

서사 – 말로 엮는 이야기

● 정면 돌파와 측면 돌파

"저같이 보잘것없는 신입을 위한 환영의 자리를 만들어 주셔서 감사합니다. 그런데 이런 부족한 사람이 여러분과 함께 일하게 된 것을 두고 저의 꽌시를 궁금해하는 말들이 오가고 있는 것을 잘 알고 있습니다. 한국에서는 이런 상황을 낙하산에 비유합니다.

네, 저 낙하산 맞습니다. 지난 6년간 어려운 가정 형편에도 불구하고 한국에 유학해 어렵사리 낙하산을 장만했습니다. 박사학위를 받고 중국에 돌아와 그 무거운 낙하산을 지고 매일 조금씩 산의 정상을 향해 올랐습니다. 그러던 어느 날 여러분이 일궈 놓은 이 아름다운 낭이 보여 힘차게 뛰어내렸습니다. 이제 제가 고민해야 할 것은 여러분이 일궈 놓은 이 터에 어떻게 뿌리를 내릴 것인가, 여러분과 함께 얼마나 성장해 갈 수 있을까입니다. 부디 많은 가르침 부탁드립니다."

한국으로 유학을 왔다가 박사학위를 받은 후 중국에 돌아가 길지 않은 기간의 구직활동을 거쳐 모두가 부러워할 만한 지역의 좋은 직장에 자리를 잡은 제자가 있다. 인맥 또는 연줄로 번역될 수 있는 '꽌시(關係)'가 중시되는 중국 사회이니만큼 당연히 이 꽌시를 통한 낙하산 인사였을 것이라며 직장 동료들 사이에서 입방아에 올랐다. 입사 후 얼마 뒤에 열린 환영회 자리, 이 친구는 조용하지만 또렷한 말투로 이와 같이 말문을 열었다. 신입이 환영회에서 하는 인사말치고는 조금 긴 내용이지만 시간이 지날수록 소란스럽던 좌중은 금세 조용해졌다. 모두들 '요 맹랑한 친구 봐라!' 하는 표정이었지만 그동안의 의심은 말끔히 걷힌 듯했다.

"저를 환영하기 위한 자리에 대한 감사의 말씀을 드리기에 앞서 저에 대한 잘못된 소문을 바로잡고자 합니다. 여러분이 생각하는 모든 것은 오해와 억측입니다. 저는 이 직장의 어느 누구와도 아무런 꽌시가 없습니다. 그저 한국에 유학해 우수한 성적으로 과정을 마치고 좋은 주제의 논문으로 박사학위를 받았고 중국에 돌아와 열심히 구직활동을 했을 뿐입니다. 저의 역량과 노력으로 여러분과 함께 일하게 되었으니 부디 제에 대한 오해와 억측은 말아 주시기 바랍니다. 앞으로 최선을 다해 일할 것이니 지켜봐 주시기 바랍니다."

담고 있는 내용은 똑같지만 이렇게 엮어서 말을 할 수도 있다. 사실을 전달하면서 상대의 오해와 억측을 지적하고 그것을 그쳐 달라고 꼬집어 말하고 있다. 말하고자 하는 바가 무엇인지, 듣는 이가 어떻게 해야 할 것인지 분명하게 말하고 있다. 그러나 이렇게 말한다고 해서 듣는 이들의 오해와 억측이 사라질지는 미지수이다. 오히려 일방적인 주장과 그것을 믿으라는 강요로 들릴 가능성이 크다. 앞의 말과 객관적인 사실은 같지만 서술을 어떻게 하느냐, 이야기의 짜임을 어떻게 만드느냐에서 큰 차이가 발생한다.

말짜임의 마지막 단계는 모든 요소들을 어떻게 엮어 말로써 차려낼 것인가이다. 말은 단 하나의 단어나 문장으로 이루어질 수도 있지만 그것이 모여 보다 큰 단위로 확장될 수 있다. 이때 각각의 요소를 어떻게 짜느냐에 따라 전달과 이해 정도, 주장과 설득 효과는 눈에 띄게 달라진다. 앞에서 든 첫 사례는 짤막한 이야기를 짜서 말을 이어가고 있다. 주인공은 자신이지만 듣는 이들을 추켜세우기 위한 노력을 아끼지 않고 있다. 석설한 비유를 들며 자신에 대한 오해를 인정하는 듯하지만 반전을 통해 자연스럽게 객관적인 사실을 전달하는 동시에 자신의 노력까지 아울러 말하고 있다.

두 번째 사례에서는 오해를 직접적으로 해명하며 사실을 전달하려 노력하고 있다. 첫 번째 사례와 달리 자신의 역량과 노력도 분명히 부각시키고 있다. 그런데 여기서 말하는 모든 것이 사실일지라도 효과는 첫 번째 사례에 결코 미치지 못할 것이라고 예상할 수 있다. 사실, 주장을 나열하고 있을 뿐 듣는 이들이 자연스럽게 이해하고 설득될 수 있는 이야기로 만들지는 못하고 있다. 담고 있는 정보는 같고 말하는 이가 충분히 진정성을 보이려 해도 입을 떠난 말을 받아들이는 것은 오롯이 듣는 이의 몫이다.

'돌직구'나 '팩폭(팩트 폭력)'은 사실 위주의 직설적인 말하기 방법을 가리키는 말이다. 이러한 말하기는 단단한 수비망을 구축한 상대의 진영을 정면으로만 돌파하려는 무모한 시도와도 유사하다. 그런데 상호작용이자 공감과 이해의 과정인 대화에서 이러한 정면 돌파는 의도와 달리 부작용을 일으킬 수 있다. 때로는 측면에서 돌파해 가는 것처럼 부드럽게 말하지만 훨씬 더 강력한 진정성을 담아 말을 엮어 내는 방법도 모색할 필요가 있다.

● 듣고 싶은 말과 함께 나눌 이야기

말은 하는 이와 듣는 이, 즉 화자와 청자와의 관계 속에서 이루어진다. 하는 말이 없으면 들을 말도 없기 때문에 화자가 말을 하면 청자가 듣는 일방적인 관계로 생각하기 쉽다. 그러나 서로의 친밀한 관계를 유지하면서 정보와 주장을 주고받기 위해서는 화자와 청자 사이의 이야기 내용과 구조에 대한 새로운 이해가 필요하다. 말은 일차적으로 하기 위한 것이지만 혼잣말이 아닌 한 말은 누군가 들으라고 하는 것이다. 그렇기 때문에 화자가 하는 말이 청자에게 최대한 잘 전해질 수 있는 방법을 찾아야 한다.

이 방법은 '듣고 싶은 말'과 '함께 나눌 이야기'로 요약될 수 있다. 청자가 있다는 걸 전제로 말을 한다면 같은 내용이어도 청자가 듣고 싶은 방식으로 해야 한다는 것이다. 여기에는 단어의 선정이나 표현 방식부터 이야기의 구조까지 모든 요소가 관여하지만 궁극적으로 청자가 듣고 싶은, 혹은 듣기에 좋은 것이어야 효과적으로 전달될 수 있다. 청자의 반응과 청자의 말 또한 중요하니 궁극적으로는 함께 나눌 이야기를 만들어 나가는 것이 필요하다. 이 필요성은 다음의 사례에서 확인할 수 있다.

> 문: 케이팝의 눈부신 성공 배경에는 아티스트를 비인간적으로 대하는 것도 있다고 생각하는가?
> 답: 저는 케이팝의 성공 과정에서 아티스트를 비인간적으로 대하지는 않았다고 생각합니다.
> 문: K 수식어가 지겹지 않은가?

답: 그것이 지겨울 수 있지만 일종의 인증마크라고 생각합니다.

이 대화를 보면 질문은 날이 서 있고 답변은 핵심적인 내용이 포함되어 있기는 하지만 성의가 없어 보인다. 질문자가 듣고 싶은 대답이 충분히 제공되지도 않았고 서로가 이야기를 이어 나갈 만한 거리도 만들어지지 않았다. 맥락을 보면 기자가 질문하고 아티스트가 답변하는 것인데 기삿거리를 만들기 위해서 기자는 다소 공격적으로 보이는 질문을 하고 있다. 그러나 기자는 단순히 기사를 작성하는 것을 넘어 그 기사를 독자들이 보고 이해하고 공감하는 것을 목적으로 인터뷰를 한 것일 터이다. 따라서 답변은 기자와 독자가 듣고 싶어 하는 이야기가 되어야 한다.

이 문답의 질문은 스페인의 한 매체와 방탄소년단 멤버 RM의 인터뷰에서 실제로 던져진 것인데 실제 답변은 다음과 같았다.

기자: 케이팝의 눈부신 성공 배경에는 아티스트를 비인간적으로 대하는 것도 있다고 생각하는가?
RM: 한국 아티스트는 굉장히 어린 나이에 그룹의 한 멤버로서 커리어를 시작합니다. 개인으로 살 시간은 거의 없죠. 그러나 그런 삶이 케이팝을 빛나게 합니다. 그들은 아주

젊고 엄청난 노력을 해요. 오직 20대 때에만 가질 수 있는 에너지를 발산합니다. 우리 멤버들은 20대와 30대의 모든 에너지와 시간을 BTS에 쏟았죠. 성공, 사랑, 영향력을 얻었지만 그 후에 남는 건 모든 것의 근본, 바로 음악입니다.

기자: K 수식어가 지겹지 않은가?

RM: 음원 서비스에서 우릴 케이팝이라고 하는 것이 지겨울 순 있지만 효과가 있어요. 프리미엄 마크라고 봅니다. 우리 선배들이 싸워 일궈 낸 우리의 퀄리티에 대한 일종의 인증마크예요.

답변의 핵심은 같지만 전개되는 내용과 구조를 살펴보면 기자의 질문에 핵심적인 답을 하면서도 자신이 하고자 하는 말이 잘 엮여 있음을 알 수 있다. 나아가 인터뷰는 단순히 기자와의 대화가 아니라 매체를 통해 보도되었을 때 그것을 보고 듣는 이들과의 소통이란 것까지 충분히 충족시키는 응답이기도 하다. 케이팝에 대한 외국인들의 통념과 비판 의식을 잠재울 수 있는 동시에 내국인들의 자부심을 북돋을 수 있는 내용과 구조로 짜여 있다.

이 내용을 바탕으로 듣고 싶은 말과 함께 나눌 이야기로 더 완벽한 서사를 만든다면 다음과 같이 말할 수 있다.

기자: 케이팝의 눈부신 성공 배경에는 아티스트를 비인간적
　　　으로 대하는 것도 있다고 생각하는가?

RM: 케이팝은 인간의 가능성을 발견하고, 그 가능성을 실현
　　하기 위해 개인이 노력하고, 모든 인간이 함께 즐기고 느
　　낄 음악을 창출해 내는 과정에서 눈부시게 성장했다고
　　생각합니다. 자질이 있는 한국의 아티스트는 굉장히 어
　　린 나이에 자원하거나 선발되어 그룹의 한 멤버로서 커
　　리어를 시작합니다. 그래서 개인으로 살 시간은 거의 없
　　지만 그들은 체계적인 양성 시스템에서 오직 20대 때에
　　만 가질 수 있는 에너지를 발산하며 엄청난 노력을 합니
　　다. 이 노력은 개인과 소속사의 성공을 위한 것이기도 하
　　지만 궁극적으로는 이들의 음악을 즐기는 전 세계의 팬
　　을 위한 것이고 그것이 결국 케이팝을 빛나게 합니다. 우
　　리 멤버들은 20대와 30대의 모든 에너지와 시간을 BTS
　　에 쏟았죠. 그 결과 성공, 사랑, 영향력을 얻었지만 그 후
　　에 남는 건 모든 것의 근본, 바로 음악입니다.

기자: K 수식어가 지겹지 않은가?

RM: K 수식어는 우리의 음악에 붙여지는 프리미엄 마크라고
　　봅니다. 우리의 모든 음악을 케이팝이라고 뭉뚱그리는
　　것이 지겨울 수는 있지만 그런 수식어는 매우 선명한 효
　　과가 있습니다. 우리의 선배들이 땀 흘려 일궈 내었고, 우

리의 동료들이 함께 만들어 내고 있으며, 우리의 팬들이 같이 호흡하며 만들어 낸 것이기에 K 수식어는 우리 음악의 퀄리티에 대한 일종의 인증마크입니다.

이 예에서의 답변은 기자의 질문에 대해 명확한 답을 종합적으로 먼저 제시하고 각각의 내용을 점차 세분화하는 방식으로 구성되어 있다. 두 가지 대답 모두 기자가 듣고 싶은 답에 자신의 의견까지 더한 답이 제시되었다. '비인간적'이란 질문에 '인간적'임을 강조하는 동시에 아티스트 개인은 물론 양성 시스템과 향유자인 팬들까지 함께 엮어서 답을 하고 있다. 'K 수식어'와 관련된 질문에 대해서는 '품질 보증서'라 생각한다는 의도를 명쾌하게 표현하였고 이 보증서 또한 모두의 노력에 의해 만들어진 것임을 강조하였다. 이렇게 듣고 싶은 이야기와 함께 나눌 이야기를 모두 구체적으로 담았다.

짧은 시간에 이러한 구성과 내용으로 답을 하기는 쉽지 않다. 그러나 공식적인 소통은 단순히 개인의 단편적인 생각만을 제시하는 것이 아니라 이를 바탕으로 다양한 담론이 오고갈 수 있는 것이라는 점을 고려하면 늘 노력해야 하는 문제이기도 하다. 이 훈련은 말할 내용을 선정하고 그것의 구조를 짜는 것에서 출발해야 하지만 궁극적으로는 의사소통의 목적에 대한 파악에서 결실을 맺을 수 있다. 듣고 싶은 말과 함께 나눌 이야기가 종국에는 해야 할 말로 드러날 때 그 의사소통은 목적을 달성할 수 있다.

● 탕후루와 당의정

'듣고 싶은 말'은 오해의 소지가 있다. 오로지 청자가 듣고 싶은 말에만 초점을 맞추면 대화의 상황이나 화자가 하고 싶은 말은 무시될 수 있다. 청자가 그릇된 판단이나 행동을 해 야단을 맞거나 충고를 들어야 할 상황임에도 불구하고 청자가 그 상황을 인식하지 못한다면 그가 듣고 싶은 말은 상황에 맞지 않을 수 있다. 청자를 위해 진심을 담아 조언이나 충고를 하려 해도 그것이 청자가 원하는 것이 아닐 수도 있다. 따라서 이러한 점을 고려하면 '듣고 싶은 말'을 맹목적으로 추구하는 것도 바람직하지는 않다.

"듣기 싫겠지만 그래도 들어. 기분 나쁘겠지만 기분 나빠하지 마."

그렇다고 이런 방식으로 '듣고 싶지 않은 말'을 직설적으로 내뱉는 것도 효과적인 방법은 아니다. 말은 들으라고 하고, 그 말을 들음으로써 이해나 설득을 도모하는 것인데 듣기 싫은 말, 기분 나쁜 말인 줄 알면서도 대놓고 하는 것은 전하고자 하는 말의 목적을 달성하는 데 방해가 될 수 있다.

이럴 때 적절한 비유가 될 수 있는 것이 '탕후루'와 '당의정'이다. 탕후루(糖葫蘆)는 새콤한 과일에 설탕물을 덧씌운 음식이고 당의정(糖衣錠)은 쓴 약에 단물 옷을 입혀 먹기 좋게 한 약이다. 우리의 한자음대로 읽는가, 아니면 중국어 발음으로 읽는가에 따라 차이가 있지만 이름에 모두 단 것을 뜻하는 '당(糖)'이 포함되어 있으니 이를 통해 사람들이 좋아하는 단맛이 중요한 역할을 한다는 걸 알 수 있다.

탕후루는 본래 단맛인 과일에도 온통 사탕발림을 해 놓은 것이고, 당의정은 몸에 좋지만 입에 쓴 약을 먹기 좋도록 달게해 놓은 것이다. 당의(糖衣), 즉 단물 옷 속의 약은 쓰다. 단물 옷 속에는 쓴 약이 들어 있는 줄 알지만 우리는 눈을 질끈 감고 삼킨다. 그래야 병이 낫고 몸이 건강해지니 살짝 입혀진 단물 옷에 감사하며 먹는다. 새겨들어야 할 말은 귀에 거슬린다. 그러나 부모님, 아내, 친한 친구의 쓴 말에는 자신에게 좋은 진심이담겨 있는 줄 알기에 철이 들면 귀에 거슬리더라도 머리와 마음에 새긴다.

과일을 둘러싸고 있는 설탕물은 너무 달고도 끈적인다. 과일은 본래 단맛을 내는 데다 농부의 노력이 더해져 충분히 달다. 그런데 이것도 부족해 설탕을 녹여 두껍게 덧씌워 혀의 만족을 위해 먹는다. 달디 단 이 음식은 먹기에는 좋지만 이, 혈관,

관절을 괴롭힌다. 입속 세균은 이에 들러붙은 설탕을 양분 삼아 이를 썩게 만든다. 당분으로 손쉽게 찌운 살은 혈관을 압박하고 관절을 과로하게 만든다.

할 말은 해야 하고 들을 말은 들어야 한다. 그러나 바른말이 듣는 이를 아프게 찌른다면, 또는 사탕발림의 말이 너무 달아 바른말을 잊게 한다면 안 하니만 못하다. 때로는 당의정처럼 에둘러 말하는 것이 필요하다. 그러나 그 단물이 너무 과해 탕후루처럼, 설탕 범벅이 되는 것은 바람직하지 못하다. 단물 옷을 입힌 쓴 약처럼 완곡하게 말하지만 뼈 있는 말은 더 큰 힘을 발휘한다. 그 짜임으로 '말매무새'를 어떻게 가다듬을까는 본인의 선택이다. 계절에 맞는 옷을 입되 약간의 꾸밈으로 멋을 부렸다면 당의정의 말매무새이고, 치장이 과해 외려 천박하게 보인다면 탕후루의 말매무새이다.

상대가 듣고 싶은 호칭, 서로의 관계를 원만하게 유지할 수 있는 높임법, 진심을 가득 담은 따뜻한 말은 입으로 차려 낼 수 있는 최대의 밥상이다. 재료 본연의 맛을 가리지 않는 약간의 달콤함을 담은 말은 누구나 반긴다. 말은 귀로 듣지만 단순히 귀로 듣는 것에서 그치는 것이 아니라 머리로 판단하고 가슴에 새긴다. '듣고 싶은 말'은 귀로 듣기에 좋은 말에서 그치는 것이 아니라 머리와 가슴에 가 닿을 수 있는 말이다.

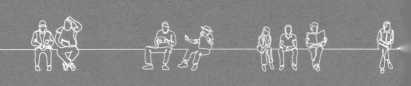

저렇게 많은 중에서

별 하나가 나를 내려다본다

이렇게 많은 사람 중에서

그 별 하나를 쳐다본다

밤이 깊을수록

별은 밝음 속에 사라지고

나는 어둠 속에 사라진다

이렇게 정다운

너 하나 나 하나는

어디서 무엇이 되어

다시 만나랴

− 김광섭, 〈저녁에〉

시인 김광섭은 1960년대 서울의 초저녁 별빛과 마주치고는 원고지의 빈칸에 이렇게 적었다. 〈저녁에〉라는 시가 탄생하는 순간이다. 이 시는 화가 김환기에게 전해지고 마지막 구절을 접한 화가는 푸른색 바탕에 흰색 네모가 촘촘하게 어우러진 그림을 그린다. 서울 하늘의 별빛이 〈어디서 무엇이 되어다시 만나랴〉라는 그림으로 재탄생하는 순간이다. 수없이 많은 날 중 그 저녁에, 수없이 많은 별 중 하나가, 수없이 많은 사람 중 감수성이 충만해 있는 그 시인과 만나 시가 되었고, 그 시는 수없이 많은 사람 중 그 시를 마음으로 읽은 화가와 만나 그림이 되었다.

함경북도 경성 출생, 일본 와세다 대학 유학, 대학 졸업 후 서울 체류. 시인의 '어디서'는 이러하다. 함경북도에서 태어나 보통학교를 졸업한 12세까지 머물렀으니 그의 말은 함경도 말이 뿌리를 이루되 유학과 이후의 서울살이 경험이 어느 정도 영향을 미쳤을 것이다. 64세 남자, 시인, 교수, 언론인, 대통령 공보 비서관, 창씨개명 반대로 3년 8개월간 옥고. 시인의 '무엇이 되어'는 이러하다. 주로 말이나 글과 관련된 일을 하며 사회의 지도적 지위에 있었으니 이런 경력과 지위가 말에 미쳤을 영향을 가늠할 수 있다.

전라남도 신안군 안좌도 출생, 일본 니혼대학 졸업 후 서울 체류, 44세에 프랑스 파리로 가 3년 체류, 57세에 미국 뉴욕으로 가 11년간 체류하다 뉴욕에서 사망. 화가의 '어디서'는 이러하다. 전라남도 신안의 섬에서 태어났으니 그의 말은 전라도 말이 근본을 이루되 이후의 서울 생활과 해외 체류 경험이 영향을 미쳤을 것이다. 57세 남자, 화가, 교수. 화가의 '무엇이 되어'는 이러하다. 평생 그림을 그리며 문인을 비롯한 문화계 인사들과 교유하면서 보낸 '환쟁이'이니 이런 삶을 통해 그의 말을 가늠해 볼 수 있다.

이런 시인과 화가가 '어떻게' 말하고 있는가? 시인이니 시로써 말하고, 화가이니 그림으로써 답한다. 일상의 대화가 아닌 시로서, 그것도 맞춤법이 정립되고 난 이후의 간행물이니 표준어와 맞춤법의 테두리가 씌워진 목소리가 귀로 들려 온다. 그리고 언어가 아닌 점, 선, 면, 색, 질감으로 전해지는 그림으로서, 그것도 구체적인 형상을 그린 것이 아니라 네모가 연속된 추상화로 표현된 말이 눈으로 들려온다. 이렇게 시와 그림으로 시인과 화가가 어떻게 말하는지 들여다볼 수 있다.

시와 그림으로 이루어진 이 대화는 한없이 아름답고, 또한 정답다. 화려한 수사(修辭)나 붓의 터치 때문은 아니다. 시에 쓰인 모든 단어와 문장은 극히 일상적이고 추상화가 흔히 그렇듯 저런 네모라면 어린아이도 그릴 수 있을 것이라 여겨지기도 한다. 그러나 시인의 삶이 오롯이 녹아들어 있는 진솔한 언어와 그에 대한 화가의 성찰이 담긴 담백한 표현이 깊은 아름다움을 자아낸다. 그리고 같은 동네에 사는, 같고도 다른 분야의 예술을 하는, 같고도 다른 나이의 두 남자가 시로 편지를 쓰고 그림으로 답장을 하는 그 광경이 한없이 정겹다.

저렇게 많은 사람 중에 누군가가 나를 바라보고 있고 나 또한 이렇게 많은 사람 중에 그 하나를 바라보고 있다. 어느 날 저녁 서울의 한 골목에서 만날 수도 있고 시간과 공간을 특정할 수는 없지만 가상의 공간 속 짤막한 댓글 창에서 만날 수도 있다. 서로가 마주 보았으니 타고난 말과 만들어진 말을 바탕으로 듣는 이를 위해 말을 해야 한다. 듣는 이 또한 자신의 타고난 말과 만들어진 말을 바탕으로 그 말을 듣고 이해해야 한다. 그렇게 오가는 말은 기본적인 의사소통이 원활해야 하는 것은 물론 아름답고 정겨워야 한다.

궁극적으로 말은 하라고 있는 것, 따라서 이 말을 '어떻게' 할 것인가에 대한 진지한 고민이 필요한 순간이다. '어디서'는 타고난 말을, 그리고 '무엇이 되어'는 만들어진 말을 결정한다. 어디서 태어나 무엇이 되어 사는가에 따라 말의 결이 결정되기 때문이다. 그러나 말은 입 밖으로 나와야 비로소 말이 된다. 말하는 이가 있고, 듣는 이가 있으며 그들이 어떤 상황에서 어떤 관계로서 마주하고 있는지에 맞게 말이 오갈 때 비로소 온전한 의미의 말이 된다. 타고난 이 땅의 모든 말과 말의 주인들이 살아오면서 배워 온 말이 서로 만나는 상황에서 '어떻게'가 문제가 된다.

시인과 화가의 대화는 어떻게 말할까에 대한 진지한 고민을 던져 준다. '환갑을 넘긴 글쟁이'의 시라면 어려운 시어와 화려한 수사, 그리고 심오한 철학적 사유를 담아야 할 듯하지만 초등학생도 쉽게 이해할 만한 평범한 문장의 시를 썼다. '세계적인 명성을 가진 환쟁이'가 시에서 영감을 얻었다면 그 영감을 구체적인 형상으로 담았을 것 같은데 처음 보는 사람은 무엇인지 알 수 없는 추상화를 그렸다. 그러나 이토록 쉬운 시와 추상적인 그림이 삶과 우주 만물에 대한 노시인과 대화가의 깊은 성찰을 담고 있는 것으로 평가된다.

'어떻게 말할까?'에 대한 논의는 자칫 '이렇게 말하라!'라는 격식이나 규범에 치우칠 우려가 있다. 말본, 말본새, 어법, 규범 등에 담겨 있는 격식이나 규범은 늘 옳고 그른 것만을 말하려 한다. 절대적인 기준을 정해 놓고 그 기준에 부합하는 것을 강요한다. 그러나 이렇게 강요된 당위가 마냥 편안하게 느껴지지는 않는다. 지역에 따라, 사람에 따라 쓰는 말은 천차만별이고, 말의 주인들이 삶 속에서 맞닥뜨리는 상황은 훨씬 더 복잡하다. 이 모든 상황을 모두 통제할 수 있을 만한 당위를 기대하기는 어렵다.

언론사나 출판사에서 몇몇 사람을 모아서 만든 언어 예절,

혹은 특정 기관에서 만든 어법과 규범도 많은 이들을 자유롭게 하지는 못한다. 당대의 석학과 전문가 들이 머리를 맞대고 만들지만 이 땅의 모든 말에, 그리고 모든 말의 주인에게 적용될 수 있는 것은 아니다. 현실에서 쓰는 말은 훨씬 더 다양할 뿐만 아니라 그 말의 변화 속도 또한 무척이나 빠르기 때문이다. 게다가 상대적으로 나이가 많은 석학과 전문가 들이 정한 것이다 보니 미래를 여는 전향적인 기준이라기보다는 과거로 퇴행시키는 기준일 때도 많다.

수없이 많은 상황에서 모든 말의 주인들이 정답게 소통할 수 있는 말매무새를 찾아야 하는 이유가 여기에 있다. 근본적인 마음가짐과 기본적인 모양새에 대해 느슨하게 권유할 뿐 이래라저래라 하는 강요나 당위를 강변하는 것은 아니다. 말이 오가는 각각의 상황과 말을 하고 듣는 이들의 관계를 고려한 마음가짐이 먼저고 그에 걸맞은 말을 이 땅의 모든 말씨와 모든 말의 주인들이 쓰는 말투에서 찾아보는 것이 그 다음이다. 이래야 너 하나 나 하나가 어디서 무엇이 되어 만나 이야기를 나누더라도 늘 정다울 수 있다.

'어떻게 말할까?'는 언어학은 물론 어떤 학문 분야에서도 본격적으로 연구하는 대상은 아니다. 그저 '이렇게 말한다'는 암묵적인 동의가 바탕이 되기 때문이다. 때로는 말에 관심이 많은 근엄한 어른들이 모여 언어 예절에 관한 사례집을 펴내기는 하지만 그것 또한 암묵적인 동의를 바탕으로 활자화한 것일 뿐 전문적인 연구를 통해 얻은 결과는 아니다. 국립국어원을 비롯한 기관에서도 높임법, 호칭 등에 대해 설문조사를 하고 그 결과를 발표하기는 하지만 그것 또한 절대적인 기준이 되기는 어렵다. 본격적으로 연구하기에는 변수가 너무도 많고 규정하고자 한다면 너무나 복잡하니 어쩔 수 없기도 하다.

따라서 '어떻게' 이전에 먼저 고려해야 하는 것은 '어떤'이다. 즉 어떤 상황에서 어떤 이가 대화나 소통에 참여하고 있는가가 먼저 결정되어야 비로소 어떻게 말할 것인가에 대한 논의를 시작할 수 있다. 이는 곧 상황과 관계에 대한 고려가 먼저여야 함을 의미한다. 대개 말은 부모, 형제, 일가친척에게 배우게 되니 가정과 그 범위를 조금 확대한 일가친척이 함께하는 상황과 관계에서의 말매무새에 대한 서술이 첫머리에 놓이는 것은 당연하나. 가족과 친척은 마주칠 기회가 가장 많으니 대한 호칭을 비롯해 높임말과 낮춤말 등에 대해 자세히 살펴볼 필요가 있다.

'아는 사람'과 '낯선 사람'이 그다음 차례가 될 수 있다. 가정을 벗어나게 되면 친구, 동료, 선후배 등과 다양한 상황에서 마주치게 된다. 골목에서부터 각급 학교를 거치면서, 그리고 일터를 비롯한 여러 활동 영역에서 아는 사람이 생기고 그들과 많은 말을 주고받는다. 아는 사람이라 편하지만 때로는 아는 사람이라 더 하기 불편하기도 한 것이 말이니 가족과 친척 다음으로 살펴보아야 한다. 아는 사람은 모두 처음에는 '낯선 사람'이었으니 이들과 말을 섞을 때는 어때야 하는지도 생각해 봐야 한다. 낯선 사람에게 말을 잘못했다가는 시비가 붙기 십상이지만 낯선 사람과 말을 잘하면 아는 사람의 덩이가 훨씬 더 커질 수 있다.

수많은 사회적 관계에서도 많은 말들이 오고 가지만 가장 문제가 되는 상황은 '갑을 관계'에서의 말들이다. 사회적 관계에서의 말매무새 대부분은 아는 사람과 낯선 사람의 관계를 통해 알아볼 수 있다. 그런데 이 관계 중에서 갑과 을의 관계는 이해관계와 위계관계가 얽혀 있어 특별한 면이 있다. 특히 을은 물론 갑도 말 한마디에 낭패를 보는 일이 잦아지는 현실이니 이 관계에서의 말매무새는 특별히 살펴볼 필요가 있다.

일대일로 얼굴을 마주 대하고 말을 나누는 경우도 있지만 한 사람이 무수한 사람을 대상으로 말해야 하는 경우도 있다. 여러 사람을 눈앞에 두고 하는 회의, 연설, 강연 등이 그것이다. 때로는 대상이 눈앞에 없지만 방송이나 인터넷 등을 통해 수많은 사람들이 보고 듣는 상황에서 말을 해야 하기도 한다. 공적인 활동이 많아질수록 이러한 기회가 많아지고 이때의 실수로 구설수에 오르는 이들이 많은 것이 현실이니 이때의 말매무새 또한 반드시 짚고 넘어가야 한다. 최근에는 글, 특히 가상공간에서의 글로도 많은 대화가 이루어지니 이 또한 중요하게 다룰 만하다.

"때르 썼슴까?" 함경도 사람들은 '진지 잡수셨습니까?'에 해당하는 말을 이렇게 한다. 이때의 '때'는 '끼니'의 '끼'와 같은 말이다. '끼니'의 '니'는 밥을 뜻하니 '끼니'는 '때에 따라 먹는 밥'이다. 우리는 매일 하루 세 차례의 끼 또는 때를 만나고 그 끼를 채우든가 때를 쓰든가 해야 한다. 함경도의 이 말을 "때르 맞춰 마르 썼슴까?"로 바꿔 보자. 시시때때로 달라지는 상황에 맞게 말을 썼는가에 대한 물음이다. 수많은 '어떤'의 상황에서 말을 몰라 문제가 되는 상황은 없다. 문제는 내가 알고 있는 말을 때에 맞게 썼는가이다. 때에 맞게 말을 쓸 때 비로소 원활한 의사소통은 물론 정다운 대화가 가능하다.

이러한 모든 상황에서의 말매무새는 당위, 강요, 규범으로 제시되는 것이 결코 아니다. 대부분 이 땅의 모든 말씨를 들여다보니 이러한 단어와 표현이 있다는, 모든 말의 주인들의 말투를 살펴보니 이런 상황에 활용하면 좋을 말이 있다는 소개와 권유일 뿐이다. 또한 말 자체보다 마음가짐이 먼저이다. 매무새는 눈에 뵈는 모양새가 중요한 것이 아니라 매무새를 가다듬고자 하는 마음가짐이 먼저이니 말이다. 그렇게 이 땅의 모든 말씨와 모든 말의 주인들이 말씨를 통해 너 하나 나 하나가 만나서 정답게 말을 나눌 수 있는 방법을 찾으면 된다. 물론 결정은 '나'가 해야 한다. 당연히 이 '나'는 이 글을 쓰고 있는 이가 아닌, 읽고 있는 이이다.

가족과 친척 - 가깝고도 먼

● 가족, 가까워서 어려운

세상에 태어나 목숨을 다하기까지가 사람의 일생이라지만 인간은 어머니의 뱃속에 잉태되는 순간부터 세상을 뜬 이후에도 수없이 많은 관계를 맺게 된다. 그 관계 중에서 부모와 형제로부터 확장되는 친족, 그리고 다른 사람과 교류하면서 맺게 되는 친구와 동료 등의 친지는 매우 가까운 관계이다. 가까운 관계인 만큼 가장 많이 접하면서 대화를 하게 되는데 이 관계 속에서 말매무새를 갖추는 것은 결코 쉽지 않다. 모든 관계가 그렇듯이 가족과 친지와의 관계 또한 상호적이어서 서로를 어떻게 부를 것인가와 서로를 어떻게 대우할 것인가, 그리고 서로에게 어떤 태도로 말할 것인가의 문제를 결정해야 한다.

뱃속의 아기는 태명으로 불리는 경우가 종종 있는데 태아는 말을 할 수 없기 때문에 부모나 주변 사람들 사이에서 일방적인 호칭으로 불린다. 태의 이름은 자유롭게 지을 수 있고 그에 대한 태도는 관대하기 그지없다. '개똥이'부터 '왕자님'까지 무엇으로 부르든 이는 부르는 이의 소망을 담은 것이어서 문제될 것이 없고 주변에서도 문제 삼는 일은 없다.

아이가 태어나면 이름을 짓게 되고 그 이름은 평생 호칭을 결정짓는 중요한 요소로 작용한다. 아이는 이름을 선택할 수 없기 때문에 아이의 이름은 부르는 사람의 선택에 따라 결정된다. 그런데 이 작명의 과정에서 필수적으로 고려해야 할 것은 짓는 이가 아닌 불리는 사람과 부르는 사람의 관점에서 이름을 지어야 한다는 것이다. 태명인 '개똥이'와 '왕자님'은 양자를 모두 불편하게 할 수 있다. 너무 흔한 이름이나 드문 이름 역시 개인의 호칭에 활용될 기호로는 적절하지 않다. 너무 튀는 이름이나 부정적인 느낌의 이름 또한 마찬가지다. 호칭에 사용될 적절한 이름을 짓는 것은 새로운 생명에게 갖추어야 할 첫 번째 말매무새이기도 하다.

아이는 태어나는 순간 부모, 형제, 친척이 정해지고 말을 배우면서 서로에게 호칭과 지칭을 사용하게 된다. 이때의 호칭과 지칭은 관계가 주로 활용되는데 높임의 등급을 어떻게 정할 것인가, 친밀함과 애정을 어떻게 담을 것인가가 문제가 된다. 또한 당사자들끼리만 있을 때와 남들과 함께 있을 때 어떻게 달리 써야 할 것인가를 생각해 봐야 한다.

가장 가까운 어머니와 아버지는 그 자체가 관계인 동시에 호칭이기도 하다. '어머니'와 '아버지'는 성별을 기준으로 구별된 호칭이지만, 그런 구별이 문제가 될 일은 거의 없다. 다만 '엄마/아빠, 어머니/아버지, 어머님/아버님'의 높임 등급을 어떻게 설정할 것인가가 문제가 될 뿐이다. 가장 먼저 부르게 되는 '엄마/아빠'는 과거에는 아이들이나 쓸 수 있는, 그래서 결혼할 정도의 나이가 되면 쓸 수 없는 호칭으로 인식되었지만 요즘에는 환갑이 지난 자녀들도 이 호칭을 쓰며 그것이 친밀감의 표현으로 여겨지기에 당사자 간의 암묵적인 합의만 있다면 문제 될 것이 없다. 당사자 간의 합의 문제이니 주위에서 지켜보는 이들 또한 이 호칭에 대해 왈가왈부할 이유도 없다.

자녀에 대한 호칭은 나이가 들어감에 따라 점차 어려워지고 문제가 생기는 경우가 있다. 대상이 어렸을 때는 이름을 부르는 것이 아무렇지도 않지만 20대가 넘어가고 결혼해 자녀까지 생기게 되면 이름을 함부로 부르기 어려워지기도 한다. 특히 자녀가 결혼하고 아이를 낳게 되면 아들은 '아범'으로 딸은 '에미'로 바뀌게 된다. 이러한 호칭은 나이가 들고 가정을 꾸린 자녀를 대우하는 것이기도 하지만 굳이 구별을 위한 호칭을 사용한다는 점, 그리고 존재 자체가 아니라 누군가의 아버지 또는 어머니로 불리는 것이어서 반드시 긍정적인 것만은 아니다.

형제자매 사이의 호칭 또한 관계 자체가 호칭이 되는 경우가 많다. 이때는 손위와 아래, 부르는 이와 불리는 이의 성별이 모두 고려된다. 따라서 '오빠'라는 호칭은 손아래의 여자 형제가 손위의 남자 형제를 부를 때 쓰이고 '누나'라는 호칭은 손아래의 남자 형제가 손위의 여자 형제를 부를 때 쓰인다. 손아래의 경우에는 '남동생/여동생'을 구별하기도 하지만 그저 '동생'으로 부르거나 이름으로 대신하는 경우가 많다. 형제자매 사이의 호칭에도 성별 조건이 강하게 작용하나 이 조건을 따지는 것이 문제가 되는 일은 드물다.

형제자매 사이의 호칭은 나이 상황이 중요한 변수로 작용한다. '오빠/누나'와 같은 호칭은 서로의 나이가 어릴 때는 괜찮지만 나이가 들면 '오라버니/누님'으로 바꾸어야 한다고 생각하는 이들도 있다. 동생의 나이가 어릴 경우 이름을 불러도 되지만 나이가 들면 이름을 함부로 불러서는 안 된다는 생각이 들기도 한다. 더욱이 당사자들뿐만 아니라 다른 이들이 함께 있는 상황이라면 더 조심해야 한다고 말한다. 이 또한 대략적인 경향은 맞지만 일괄적으로 단정해서 결정하기는 어렵다. 가족 간의 호칭은 친밀도에 따라서 당사자들의 무언의 합의에 의해 결정되는 것이기 때문에 제삼자가 강하게 개입할 문제도 아니다.

나이가 들고 사회적 지위가 생기고 나서 가족끼리의 호칭에서 문제가 될 수 있는 것은 가정 밖에서의 호칭을 가정 안으로 끌어들이는 경우다. 아들이 대기업의 상무가 되었다고 해서 '김 상무'라 부르고, 동생이 박사학위를 받았다고 해서 '이 박사'라고 부르는 것과 같은 사례이다. 이러한 호칭은 대상을 존중한다는 면에서는 긍정적이지만 이러한 호칭 자체가 차별적이거나 상황에 맞지 않을 수 있어 문제가 된다. 이런 호칭을 사용하면 상무나 박사가 아닌 형제가 상대적으로 대우를 받지 못한다는 느낌을 받을 수 있을 뿐만 아니라 밖에서는 상무나 박사일 수 있으나 가정에서는 그런 지위가 의미가 없다는 점에서 그리 적절한 호칭은 아니다.

가족 간에 호칭뿐만 아니라 높임말 사용도 문제가 되는 경우가 있다. 자녀와 부모 또는 조부모와의 관계, 형제자매 관계에서도 자신보다 위에 있는 대상에 대해서는 높임말을 쓰는 것이 원칙이고 과거에는 이것이 엄격하게 지켜졌다. 그러나 명확한 위아래의 관계와는 별도로 친밀도가 매우 중요한 변수로 작용한다. 부모에게 존댓말을 쓰는 것이 당연시되지만 친밀함을 표현하기 위해서 반말을 쓰는 자녀들이 많고 부모들도 이를 용인한다. 형제끼리는 좀 자연스럽게 반말을 쓰기도 한다.

가족 간의 높임말 사용은 가풍 및 가족 간의 친밀도에 따라 결정될 문제이기 때문에 원칙을 세우고 일관된 말매무새를 강요할 것은 아니다. 특히 가족 간의 관계는 매우 *끈끈한* 관계이기도 하고 사적인 관계이기도 해서 가족 밖의 기준으로 평가하는 것 또한 적절하지 않다. 따라서 가족 내에서 적절한 합의가 존재한다면 그것을 있는 그대로 인정하는 것이 필요하다. 물론 당사자들은 그러한 합의가 적절하게 이루어졌는지 끊임없이 고민해 보아야 한다.

가족 간에는 친밀도와 이해도가 매우 높기 때문에 호칭과 관련해서 성, 연령 등의 변수에 따른 불만이나 불편이 크게 제기되지는 않는다. 가족 간 호칭에 대한 사회적 통념이 있지만 가풍에 따라 다를 수 있고 그 결정은 가정 내에서 이루어져야 한다고 여기기에 이에 대한 문제제기도 많지 않은 편이다. 그 결과 성이나 연령에 따른 호칭 분류의 단순화나 무표화도 크게 시도되지 않는다. 가족 내에서의 호칭과 관련된 말매무새는 말 그대로 가족끼리 부르고 불리기에 좋도록 결정하면 될 문제이다.

높임법은 단순화와 무표화의 시도가 이루어지고 있어 이에 따라 말매무새가 결정되면 된다. 항렬과 나이에 따라 높임과 낮춤을 엄격하게 구별했던 것이 점차 약화되는 경향이 나타나는데 이는 반말체의 무표성에 기인한 것이기도 하다. 반말체는 높이지 않는 말, 그 결과 낮추는 말로 여겨질 수 있지만 높임과 낮춤의 표지를 굳이 드러내지 않은 말이라 할 수 있다. 아이들이 부모에게, 나이가 어린 형제가 손위 형제에게 깍듯한 존댓말을 쓸 수도 있지만 굳이 높임을 드러내지 않으면 자연스럽게 반말이 되며 그것이 가정에서 큰 문제를 일으키지 않는다. 따라서 높임법과 관련된 가정에서의 말매무새 또한 가족끼리 결정할 문제이다.

문제는 가족의 울타리 밖에서 가정 내의 호칭과 높임법을 바라보고 그것에 대해 참견할 때 나타날 수 있다. 어느 가정의 아이가 '엄마' 대신 '어머니'란 호칭을 쓰고 반드시 높임말을 쓴다면 그 가정 내에서의 교육이 잘 이루어졌다고 평가할 수 있다. 그러나 호칭과 높임법에서 '버르장머리'가 없다고 여겨지더라도 지적질이나 훈계에까지 나아가는 것은 적절한 말매무새가 아니다. 이 모든 것은 그 가정 안에서 결정할 문제이고 그 결정을 존중해 줄 필요가 있다.

● 친족, 멀어질수록 어려운

직계가족을 넘어서면 친족체계는 매우 복잡해지고 호칭과 높임법의 결정도 어려워진다. 태어나는 순간 친가와 외가가 있어 그 안에서 항렬과 촌수를 따진다. 아버지 쪽은 친가가 되고 어머니 쪽은 외가가 되어 양쪽에 대등하게 항렬과 촌수가 배정되고 이에 따라 친족 명칭이 결정된다. 이때 항렬이 가장 중요한 기준이며 촌수는 기계적으로 적용된다. 이 항렬과 촌수만 따질 수 있어도 친척 내에서의 말매무새는 쉽게 결정할 수 있다.

대가족에서 핵가족으로 변화하면서 접할 수 있는 친족의 범위가 매우 축소되었다. 조부모와 그 자녀, 그리고 그 자녀들의 자녀 정도가 오늘날 자주 접촉할 수 있는 친족의 범위에 든다. 조부모의 자녀들은 부모와 같은 항렬이어서 남자들은 삼촌/큰

아버지/작은아버지가 되고 여자들은 고모/이모가 된다. 또한 그 자녀들은 나와 같은 항렬인 사촌이 된다. 호칭은 항렬과 촌수에 따라 결정되고 높임말 또한 항렬과 연령에 따라 결정이 된다. 이 정도까지의 친족 범위와 그에 따른 호칭과 높임법은 그리 어려운 것은 아니다.

이를 넘어서는 친족은 따지기도 어렵고 자주 접하기도 어렵다. 아버지의 사촌은 아저씨와 아줌마이고 할아버지의 형제는 큰/작은 할아버지와 대고모이다. 사촌의 자녀는 내게는 오촌 조카가 되고 그들에게 나는 아저씨 또는 아줌마가 된다. 이렇게 차례차례 사돈의 팔촌까지 따져 갈 수 있지만 구별해서 대하기는 어렵다. 게다가 만날 일도 없으니 부를 일도 대화를 나눌 일도 없고 존댓말을 어찌 써야 할지 고민 자체를 해 볼 일도 없다.

이러한 상황에서 사돈의 팔촌까지 친족 명칭을 다 알아야 하고 그에 따라 적절한 호칭과 높임법을 사용하는 것을 강요하기는 어려운 일이다. 사촌을 넘어 오촌부터는 촌수를 잘 따지지도 않는다. 그래서 현실에서는 호칭의 단순화가 나타나기도 한다. 사촌의 아이들이라면 오촌 조카라고 해야 하나 그저 조카라고 부른다. 그 조카들 또한 아버지의 사촌 남자 형제라면 당숙 또는 아저씨라 해야 하지만 그저 삼촌이라 부른다. 이러한 경향은 촌수를 자세히 따지지 않는 것일 수 있지만 결과적으로 더 친밀한 관계로 끌어들이는 역할을 하기도 한다.

결국 오늘날의 친족 명칭에서 중요한 것은 촌수와 그에 따른 호칭을 엄격하게 따지는 것이 아니라 접촉의 정도에 따른 친밀도이다. 상황에 따라 자주 접하는 친족이 있고 자주 접할수록 친밀도가 높아진다. 그런 친족은 더 가까이 느껴지기 때문에 굳이 엄격하게 호칭을 따지기보다는 서로에게 편안한 호칭을 찾게 된다. 높임법 사용 또한 항렬과 촌수를 엄격하게 따지기보다는 친밀도에 따라 적정선에서 결정하게 된다. 이러한 양상은 개별적인 관계에 따라 달리 나타나니 일관된 기준으로 강요하기는 어렵다.

과거에는 부계의 친족과 접할 기회가 많았지만 오늘날에는 모계의 친족과 접할 기회가 더 많아지고 있다. 따라서 요즘에는 고모보다 이모가 더 가까운 사이로 느껴지고 사촌들도 친사촌, 고종사촌, 이종사촌 중에서 이종사촌이 가장 가깝게 느껴지기도 한다. 경우에 따라서는 아버지의 부모인 할아버지와 할머니보다 어머니의 부모인 외할아버지와 외할머니를 더 자주 섭하기도 한다. 그 결과 과거에는 그저 '할아버지'라고 하던 것이 이제는 '외할아버지'와의 구별을 위해서 '친할아버지'라고 하는 경향도 나타나고 있다.

접할 수 있는 친족의 범위가 축소되고 자주 접하게 되는 친족의 계통도 달라지는 상황은 친족 명칭에서 친가, 외가, 처가 등을 명확히 구별하지 않는 경향으로 나타나기도 한다. 촌수와 항렬을 엄격히 따지자면 끝이 없지만 그렇게 따지는 것이 결과적으로 구별을 넘어 차별로 이어진다면 그리 바람직한 상황은 아니다. 할아버지를 '친'과 '외'를 붙여 구별하는 것, 사촌들을 친, 이종, 고종 등으로 구별하는 것이 딱히 이득이 없다면 현실적으로 호칭을 굳이 구별하지 않아도 좋을 것이다.

● 결혼, 새로운 가족

결혼을 하게 되면 전혀 남남이던 사람이 한 가정을 꾸리고 부부라 불리게 된다. 결혼 전에는 서로가 갑돌이와 갑순이라고 불렀을지라도 결혼 후에는 그렇게 마음대로 부르기 어려워진다. 결혼 전에는 오빠, 동생이었지만 결혼 후에는 여보, 당신과 같은 어색한 호칭을 써야 한다고 강요받기도 한다. 서로 간의 호칭뿐만 아니라 다른 사람과 이야기할 때 배우자를 무엇이라 지칭해야 하는가도 어렵다. 게다가 결혼은 두 사람이 했지만 양가 부모를 비롯한 여러 친척이 말참견을 하니 어느 장단에 발을 맞추어야 할지 모르게 된다.

가장 먼저 문제가 되는 것은 부부 사이의 호칭이다. 결혼했다고 하루아침에 호칭이 달라질 수는 없지만 그래도 법식을 따라야 한다. 과거에는 '여보, 당신'이 표준처럼 여겨졌지만 요즘 젊은 부부 중에 이리 부르는 사람은 많지 않다. 이름 뒤에 '씨'를 붙여 '○○씨'라고 부르는 것도 결혼 이후에는 적절해 보이지 않는다. 아이가 생기기 전에는 '□□엄마/□□아빠'라고 부를 수도 없다. 남편을 '신랑'이라 부르는 이도 많은데 단어의 뜻을 생각해 보면 결혼 초에는 괜찮지만 어느 순간부터는 쓰지 말아야 하는 호칭이다. 아내를 '마누라'라고 부르는 이도 있는데 이는 중년 이후에나 가능하고 허물없이 부른다고는 하지만 낮잡아 부르는 느낌이 있다.

모든 호칭을 이리저리 따져봐도 정답이 없지만 걱정할 일은 아니다. 답이 없다는 것은 모든 것이 답일 수 있다는 의미이기도 하다. 부부 사이의 호칭 문제는 세대마다 다르고 지역마다 다르다. 또한 각자 살아온 과정, 만나서 결혼하기까지의 과정에 따라 다르다. 따라서 누군가 남편을 '허니(honey)'라고 부르고, 아내를 '아가야'라고 부른다고 하더라도 시비 삼을 일은 아니다. 부부간의 호칭은 서로를 부르는 것이지 다른 사람을 부르는 것이 아니기 때문이다. '얘, 쟤' 하거나 그냥 이름을 부르는 것도 서로 애정과 존중하는 마음이 있다면 인정해야 한다.

이렇게 주변의 참견을 걷어 내고 나면 남는 것은 남편과 아내 단 둘만이다. 서로가 부르고 싶은, 불리고 싶은 호칭이 있다면 둘이서 결정하면 될 문제인 것이다. 성장하는 과정에서 주변의 부부가 어떻게 부르는지 알고 있고 교제하는 과정에서 자연스럽게 형성된 호칭이 있을 테니 그 둘을 조화시켜 정하면 된다. 나이가 들고, 아이가 생기면서 자연스럽게 변하는 것도 서로가 이해하고 받아들이면 된다. 결국 문제는 서로에 대한 마음가짐의 문제이다. 이름을 부르더라도 무시가 아닌 친밀감의 표현이라면, 마누라라고 부르더라도 오랫동안 함께 살아온 이에 대한 살가움의 표현이라면 그것이 곧 정답이다.

호칭은 부부 사이의 문제이지만 지칭은 다른 사람과 말할 때 배우자를 언급해야 하기 때문에 부부 사이를 넘는 문제이기도 하다. 배우자의 부모님을 만났을 때 그냥 배우자의 이름을 부른다면 자신의 자녀가 대접받지 못한다는 느낌을 줄 수 있다. 그렇다고 다른 사람과 이야기할 때 쓰는 '남편, 신랑, 바깥양반'이나 '아내, 색시, 집사람' 등을 쓰기도 어렵다. 그나마 아이가 있으면 '□□엄마/□□아빠'가 가능한데 그게 아니라면 영 곤란하다. 이때의 정답은 배우자의 부모님에게 있다. 부모님도 딱히 정답을 모르더라도 어떤 호칭이 좋을지 묻고 같이 찾아가는 것만으로도 문제가 해결된다.

부부가 다른 사람과 대화하며 상대방을 언급할 때 '남편, 신랑, □□아빠' 등은 비교적 거부감 없이 쓰인다. 반면에 그 대칭이 되는 지칭에 대해서는 묘한 거부감이 있다. 나이가 좀 든 세대는 '집사람'을 가장 흔하게 쓰는데 단어의 뜻만으로 보면 '집에 있는 사람'이란 뜻이니 비하나 차별적 의미가 들어 있다고 불편하게 느끼는 이들도 있다. 젊은 세대는 '아내'라고 지칭하는데 나이가 든 세대는 '저게 맞나?' 하는 의구심이 들기도 한다. 이도 저도 다 복잡하니 영어 '와이프(wife)'를 쓰기도 하는데 영어 단어를 끌어다 쓴다고, 부르는 쪽이나 불리는 쪽이나 모두 천박해 보인다고 시비하는 사람도 있다.

부부의 지칭 문제 역시 둘 사이를 지켜보며 듣는 이가 마음가짐을 달리해서 해결해야 할 문제이다. 배우자에 대한 비하나 무시가 담긴 지칭이 아니라면, 듣는 이를 일부러 자극하기 위한 지칭이 아니라면 자신이 알고 있는 기준으로 옳고 그름을 따질 일은 아니다. 나이 든 이가 '집사람'이라고 부르더라도 아내를 존중하는 마음이 보인다면, 젊은이가 '아내'라고 부를 때 아내에 대한 사랑의 마음이 보인다면 그 사람의 배우자를 가리키는 기호로만 이해하면 된다. 영어 '와이프'를 가져다 쓰는 것을 꼴불견이라 할 것이 아니라 불편함을 피하고자 하는 그 마음이 이해된다면 이 역시 그대로 받아들이면 된다.

결혼은 새로운 가정을 꾸리는 것에서 그치지 않고 배우자의 친척 '한 벌'을 새로이 자신의 친척으로 끌어들이는 계기가 된다. 아내의 친척은 '처(妻)'가 앞에 붙어 남편의 친척으로 편입되고, 남편의 친척은 '시(媤)'가 앞에 붙어 아내의 친척으로 편입된다. 결혼을 계기로 새로운 친척 한 벌이 생기는 것은 자연스럽고 상대적으로 먼 친척은 '처'와 '시'로 대부분 해결이 되기 때문에 딱히 문제가 될 일은 없다.

문제는 지극히 가까운 부모, 형제자매 사이에서 발생한다. 남편의 부모는 각각 '시아버지'와 '시어머니'가 되고 아내의 부모는 각각 '장인'과 '장모'가 된다. '시아버지'와 '시어머니'는 '시부'와 '시모'라 하기도 하는데 '장인'과 '장모'는 '처아버지'와 '처어머니'라 하지는 않는다. 아내가 시부모를 부를 때는 '시'를 떼고 '어머님, 아버님'이라고 해야 하는데 남편은 아내의 부모를 '장인어른, 장모님'이라고 해야 한다. 왠지 균형이 맞지 않고 아내 쪽이 불리하거나 차별을 받는 느낌이 강하게 든다.

남편의 손위 남자 형제는 '시아주버니'가 되고 직접 부를 때는 '서방님'이라고 해야 하며, 손아래 남자 형제는 '시동생'이 되고 시동생이 결혼 전이면 '도련님'이라고 해야 한다. 남편의 여자 형제는 '시누이'가 되는데 손위이면 '형님'이라 부르고 손아래면 '아가씨'라고 불러야 한다. 이에 반해 아내의 남자 형제는 손위와 아래 구별 없이 '처남'이 되고, 여자 형제는 손위면 '처형', 손아래면 '처제'가 된다. 부를 때는 다른 고민 없이 '처남, 처형, 처제'라고 부르면 된다. 형제자매 간에는 균형이 더 흐트러져서 아내 쪽이 더 불리하거나 차별을 받는다.

이러한 호칭이나 지칭은 오랜 전통이며 대상을 다른 이와 구별하기 위한 것이지만 차별적인 요소가 더해지는 것은 바람직하지 않다. 이 차별의 원인이 구별을 위한 표지에서 온다면 그 표지를 없애거나 중립화하는 것이 근본적인 해결의 지향점이 될 수 있다. 결혼으로 형성되는 관계의 호칭과 지칭에서 가장 우선되는 구별 요소가 시가와 처가이고 그 구별의 경향이 시가 우대, 처가 홀대라면 이러한 표지를 없애는 것도 방법이다.

양가 부모의 호칭에 나타나는 구별 표지를 없애는 것은 평안도나 황해도의 말씨를 참조할 수 있다. 이들 지역에서 장인어른과 장모님을 부를 때 '아내'를 뜻하는 '가시' 뒤에 '아버지/어머니'를 붙여서 부르는 방식에선 차별이 느껴지지 않는다. 나아가 요즘 젊은 세대 중 일부는 처가와 시가를 가리지 않고, 양가 부모에게 모두에게 '아버지/어머니'를 쓰거나 친밀도에 따라 '아빠/엄마'를 쓰기도 한다. 이런 시도들은 지역과 세대에 따라 낯설게 느껴질 수도 있으나 호칭에서 나타나는 차별을 없애려는 노력이란 점에서 긍정적이다.

결혼 후 가장 자주 접촉하게 되는 배우자의 형제자매와 그 배우자에 대한 불규칙하고 차별적인 호칭 체계는 단순화가 가장 필요한 부분이기도 하다. 일반적으로 같은 항렬끼리는 성별과 나이가 중요한 기준으로 작용하는데 이러한 기준만 적용하고 나머지 구별은 배제하는 것이 가장 쉬운 방법일 수 있다. 이 기준만 적용하면 남편의 손위 형제는 '오빠'와 '언니'가 되고 손아래 형제는 '동생'이 된다. 마찬가지로 아내의 손위 형제는 '형'

과 '누나'가 되고 손아래 형제는 '동생'이 된다.

시아주버니를 '서방님' 대신 '오빠'라고 부르고 손아래 시누이를 '아가씨'라 부르는 대신 동생 취급을 하는 것은 지나치게 무례해서 현재로서는 불가능하다고 느껴진다. 그러나 남편의 누나를 '형님'이라고 부르고 아내의 언니를 '처형'이라고 부르는 것을 생각해 보면 전혀 불가능한 것도 아니다. 이러한 호칭은 체계도 맞지 않으며 의미도 이상하지만, 지금은 누구나 쓰고 있다. 자주 쓰다 보니 익숙해져서 자연스러운 것으로 여겨진다.

문제는 이러한 시도를 누가 언제 어떻게 하느냐이다. 답은, 모두가 바로 지금 서로의 합의를 통해 시도할 수밖에 없다는 것이다. 말을 연구하는 이들은 이미 쓰이고 있는 말을 대상으로 연구하고 체계화하는 작업만 할 수 있을 뿐 절대적인 기준이나 모두가 받아들일 수 있는 대안을 마련하는 주체가 아니다. 언어 관련 정책을 마련하는 이들 또한 이미 이루어지고 있는 시도에 대해 판단하고 대략적인 방향을 정할 수 있을 뿐 모두가 만족할 만한 답을 제시할 수 있는 것은 아니다.

결국 이 모든 것은 사용자들의 몫이다. 결혼 후 친족 관계에서 나타나는 호칭의 불평등이나 불편함을 느낀다면 그 불편을 느끼는 이들이 해결을 시도하는 것이 가장 직접적이고도 빠른 길이다. 물론 그것을 지켜보는 이들의 노력 또한 필요하다. 호칭에 불편함이나 문제를 느끼는 이들이 새로운 시도를 하고 있다면 그에 대한 판단은 지켜보는 이의 기준이 아닌 당사자들의 기준으로 해야 한다. 그래야만 새로운 시도가 이루어질 수 있고 그 시도가 결실을 맺을 수 있다. 가족과 친지 사이의 모든 말매무새가 그렇다.

친구 - 친한, 그래서 오래가야 할

● 친구, 사회관계의 시작

나는 그때 친구란 말이 국산 말인 줄 알았는데 국어 선생님이 칠판에 친할 친(親)자에 옛 구(舊)자를 써서 오래 두고 가깝게 사귄 벗이라 썼던 게 기억난다. 억수로 멋있는 말 아이가?

— 영화 〈친구〉

부모의 품과 가정의 울타리를 벗어나 골목길에 접어들면 가장 먼저 만나는 존재, 그리하여 최초의 사회적 관계를 맺게 되는 존재가 있다. 아주 먼 옛날부터 있었으니 고유어인 '벗'이나 '동무'로 불러야 할 것 같은데 어찌 된 일인지 한자어 '친구(親舊)'가 그 자리를 대신하고 있다. 같은 뜻의 한자어 '친고(親故)'도 쓰였는데 둘 다 가깝게 오래 사귄 사람이라는 뜻이다. 집 밖으로 갓 나온 아이들이 막 사귀기 시작했으니 오래 사귄 사람은 아니겠지만 스스럼없이 처음으로 만난 사이여서 그 정이 깊을 터이니 '오래 사귈 사람'으로 이해해도 무방하다. 이렇게 핏줄로 이어진 가족 다음으로 오래오래 함께하며 정을 나눌 사회적 관계가 형성된다.

친구를 사귀기 시작하면서 비로소 '너'라고 부를 수 있는 대상, 이름을 부를 수 있는 대상, 자유롭게 말을 늘어놓을 수 있는 대상이 생긴다. 같이 놀이를 하면서 규칙을 배우고 협력과 경쟁을 이해하게 되고 그와 관련된 표현을 배운다. 함께 새로운 경험을 하면서 새로운 세계의 새로운 말을 배워 나간다. 이렇듯 친구 관계는 인간의 언어 습득 과정에서 매우 중요한 역할을 한다. 아이가 못된 말을 하게 되면 '친구를 잘못 사귀어서'라는 탓을 흔히 하지만 이는 못된 말을 포함한 새로운 말을 친구 관계를 통해서 많이 배우게 된다는 방증이기도 하다.

그런데 이 친구 관계의 말은 매우 특이하고도 중요한 속성을 가지고 있다. 말짜임의 중요한 요소인 호칭이나 존대법에 전혀 구애될 필요가 없다. 친구를 부를 때 대명사인 '너'라고 부르든, 이름이나 별명을 부르든, '얌마(야 임마)'와 같은 낮은 단계의 욕부터 훨씬 높은 수위의 욕으로 불러도 딱히 문제가 되지 않는다. 어미, 조사, 어휘 등을 통한 어떠한 높임법도 사용할 필요가 없다. 뭐라고 불러도, 말로 전혀 대우하지 않아도 되니 말매무새를 고민할 필요가 없어 보이기도 한다.

그러나 호칭과 존대가 무시되는 이면에는 말짜임의 또 다른 요소인 관계와 태도가 중요한 기능을 하고 있다. '친구'가 포함된 단어를 사전에서 찾아보면 '좁쌀친구, 소꿉친구, 불알친구, 동행친구' 등이 확인된다. 말 그대로 좁쌀같이 작았던 조무래기 시절에 소꿉놀이를 하거나 발가벗고 놀았던 친구여서 평생을 함께 동행할 만한 친구라는 뜻이다. 이러한 친구 관계에서는 대부분의 말과 행동이 용인되고 이해되는데 이는 서로에 대한 절대적인 신뢰의 태도가 바탕에 있기 때문이다. 서로에게 어떠한 악의도 없다는, 그래서 말과 행동에 딱히 적대감을 드러내거나 서로에게 피해를 끼칠 이유가 없다는 믿음에서 비롯된다.

이렇듯 절대적인 우호 관계에서 신뢰의 태도를 보일 수 있는 대상이 친구이니 말짜임의 마지막 요소인 내용이 가장 중요한 기능을 한다. 호칭이나 존대법에 딱히 신경을 쓰지 않으니 친구 사이에서는 이런 것으로 꼬투리 잡을 일이 없다. 신뢰를 바탕에 깔고 있으니 어떤 말이든 믿고 받아들이려는 자세가 갖춰져 있다. 친구의 기분을 상하게 하거나 친구를 공격하고자 하는 내용이 아니면 서로의 소통은 자연스럽게 이루어지며 오랫동안 친하게 지낼 수 있는 관계를 유지한다.

친구 사이에서는 말짜임의 여러 요소 중 내용만 중요한 기능을 한다는 점은 말매무새를 탐색하는 데 시사하는 바가 매우 크다. 말과 글을 통한 의사소통의 가장 근본적인 목적은 정보의 전달이고 여기에 정서와 주장이 더해질 수 있다. 정보는 그것을 이루는 내용이 중요한 요소를 이루니 의사소통에서 가장 중시되어야 할 것은 내용이다. 그러나 호칭, 높임법 등의 내용 외적인 요소가 원활한 의사소통에 방해가 될 때가 많다. 따라서 친구 사이에서처럼 오롯이 내용에만 집중할 수만 있다면 가장 바람직한 의사소통이 이루어질 수 있다.

전라도 지역에서는 어릴 적부터 오랫동안 사귀어온 친구를 '깨복쟁이'라고 부른다. 깨복쟁이는 '발가벗다'라는 말과 관련이 있는데 어린 시절 발가벗고 함께 놀아서 아무런 스스럼도 없는 친구를 가리킨다. 이런 친구끼리는 어린 시절에 느꼈던 순수한 마음 그대로 대하면 된다. 혹시 어린 시절 발가벗고 놀면서 부끄러웠던 것이 있었더라도 그런 것들을 끄집어내서 서로를 불편하게 만들지만 않으면 된다.

● 사회 친구, 친구 관계의 종언

친구의 범위는 어디까지일까? 이는 꾸밈을 받는 '친구'와 친구를 꾸미는 다른 요소가 얼마나 잘 어울리는가로 가늠할 수 있다. '골목, 소꿉, 불알, 학교' 등과 '친구'가 어울리면 입에도 잘 붙고 그 의미도 잘 전해진다. 그런데 '직장, 군대, 동호회' 등이 붙으면 다소 어색하게 느껴지며 진정한 친구라 할 수 있나 하는 의구심이 들기도 한다. 학교 친구라 해도 '대학 친구'는 좀 다른 느낌인데 대학 친구를 비롯한 이러한 '사회 친구'는 진정한 친구라고 하기에는 다소 어려운 느낌이 있다.

이러한 느낌의 저변에는 두 가지 요소가 있는데 하나는 '나이'이고 다른 하나는 '목적'이다. 대학, 직장, 군대 등은 대개 20대 이후에 경험하게 되므로 이때의 친구는 어릴 적에 사귀는 친구보다는 늦은 나이에 사귀는 친구이다. 또 전공을 선택해서 가는 대학, 일을 선택해서 가는 직장, 복무가 목적인 군대 등은 특별한 목적을 가지고 선택하거나 의무적으로 가야 한다. 동호회는 나이 제한이 없는 경우가 많지만 분명한 목적을 가지고 활동하게 된다.

이렇듯 성인이 되어서 특별한 목적을 가지고 활동하게 되는 공간에서의 친구는 '사회 친구'라는 말로 뭉뚱그릴 수 있다. 나이가 들어서 다른 목적을 가지고 만난 친구, 일 때문에 만나게 된 친구이니 내가 사는 골목이나 의무적으로 다녀야 하는 학교에서 만나는 친구와는 다르다. 비교적 늦게 사귀게 되는 친구이니 '오래 사귄 사람'의 범주에서도 상대적으로 벗어난다. 무엇보다도 관계 자체보다는 그 관계를 형성하게 한 업무나 다른 목적이 중시된다.

이러한 사회 친구는 일반적 의미의 친구와 다른 사회적 관계의 경계에 있기도 하다. 친구 사이라고는 하나 모든 것이 허용되는 막역한 사이는 아니다. 일이나 목적이 우선되어야 하는 상황도 있고 이 때문에 다툼이 일어나거나 관계에 금이 갈 수도 있다. 이러한 다툼은 당사자 간의 이해와 포용으로 해결할 수 있는 범위를 넘어서기도 한다. 직장이나 군대에서의 상하관계, 업무에서의 갑을 관계 등이 작용할 수도 있으니 마냥 자유로운 관계만도 아니다. 달리 말하면 모든 것이 자유로운 친구 관계에서 많은 것들에 제약이 있는 사회 관계로 진입하는 길목이기도 하고 진정한 친구 관계가 끝나는 시발점이기도 하다.

이러한 사회 친구 사이의 말매무새는 보통의 친구 사이에 적용되는 말매무새가 부분적으로 작용할 수밖에 없다. 친구 사이에서는 호칭이나 존대법에 구애받지 않지만 이 사회 친구 사이에서는 반드시 그런 것만은 아니다. 나이가 들어서 만난 사이이니 많은 것들이 용인되던 어릴 적 말투를 그대로 쓸 수 있는 관계도 아니다. 결국 내용을 제외한 모든 말짜임이 자유로운 친구 관계에서 많은 것들이 제약되는 사회관계로 넘어가는 중간 단계이니 말짜임의 조화, 말매무새의 전환을 훈련할 수 있는 관계이기도 하다.

이 관계는 친구와 다른 사회적 관계의 경계에 있기에 어렵기도 하다. 특별한 목적이나 일 때문에 만났으니 목적이나 일이 우선이다. 이것이 틀어지면 친구 사이도 끝인데 그 끝은 말이 씨가 되는 경우가 많다. 젊은이들이 쓰는 표현 중에 '이건 못 참지'라는 것이 있다. 무언가 견딜 수 없이 좋을 때의 느낌을 표현하는 말이다. 깨복쟁이 친구 사이는 좋아서 못 참는 경우가 많다. 너무 좋아 참지 않고 생각나는 말을 막 해도 상대가 그 마음을 헤아려 잘 참기도 한다. 그러나 사회 친구는 그렇지 않다. 선 넘는 말을 못 참으면 상대 친구도 그 말에 대한 화를 못 참는다.

● ○친과 ○사친, '야!'와 '자기야~'의 사이

'보이프렌드(boyfriend)'와 '남자친구', 혹은 '걸프렌드(girlfriend)'와 '여자친구', 이건 영어가 틀렸다. 명사 둘이 나란히 있으면 대개는 앞말이 뒷말을 꾸미는 법이니 이 단어들은 여러 친구를 성에 따라 구별하는 말일 뿐이어야 한다. 그런데 이 말을 영어에서는 애인 사이를 가리키는 말로 쓰니 그 용법이 우리말에까지 영향을 미치게 되었다. 그래서 생겨난 말이 '남사친(남자 사람 친구), 여사친(여자 사람 친구)'인데 이 어색한 말이 꽤나 널리 쓰이는 것을 보면 그 필요성은 분명히 있어 보인다.

이 '○친' '○사친'은 성별 문제와 친구 관계가 중첩되는 지점이어서 말매무새도 매우 중요할 수 있다. 이 줄임말이 현실에서 어떻게 쓰이는가와 관계없이 단어 구조를 살펴보면 핵심은 역시 '친구'이다. 따라서 이 말이 지시하는 관계에서의 말매무새는 친구 관계의 말매무새가 그대로 적용된다. 상대의 성별이 어떠하든 친구로 여긴다는 말이니 호칭이나 존대법의 말짜임을 고민할 필요가 없다. ○사친이던 관계가 ○친으로 발전하더라도 여전히 친구이니 달라질 것은 없다. 호칭을 무엇이라 하든, 존대법을 어떻게 사용하든 우정과 사랑으로 엮인 사이이니 오로지 중요한 것은 말에 담긴 내용뿐이다.

그러나 ○친으로의 진입은 장차 가정을 꾸리고 가족이 될 수도 있다는 점에서 미묘한 문제를 일으키기도 한다. 친구 관계인지 연인 관계인지 모르는 이들은 둘 사이의 말투를 의아하게 여길 수도 있고 곱지 않은 시선으로 바라볼 수도 있다. 나아가 결혼을 하게 되면 주변의 친척들은 친구로서의 관계보다는 부부로서의 관계를 우선시할 테니 여전히 친구 사이의 말투를 쓰는 걸 시비 삼을 수도 있다. 훗날 태어날 아이에게 둘 사이는 친구 사이가 아닌 '엄빠' 사이일 텐데 보통의 엄빠와는 다른 말투가 아이들에게 낯설게 느껴질 수도 있다.

이 모든 상황에서의 말매무새에 대한 정답은 어디에도 없으나 한 가지 분명한 것은 둘 사이는 '친구이거나' 혹은 '친구였거나'라는 점이다. 어느 쪽이든 '친구'가 포함되어 있으니 '오래 두고 가깝게 사귄 벗'과 관련된 모든 것이 그대로 적용된다. 모든 것을 이해하고 포용하는 사이이니 호칭이나 존대법보다는 오롯이 말이 담고 있는 내용에 집중할 수 있는 그런 관계다. 이런 점에서 '친구였다'라는 과거 완료형 표현보다는 '친구이다'라는 현재 진행형 표현이 더 낫다.

'소꿉친구'는 정겨운데 '사회 친구'에서는 그 정겨움이 사라진다. 그러나 'O사친'끼리 'O친'을 거쳐 한 가정을 이뤄 소꿉놀이를 하게 된다면 다시금 정겨움이 묻어난다. 이러한 오르내림이 가능한 것은 '친구'가 가진 힘, 즉 '오래 두고 가깝게 사귄 벗'이라는 데 있다. 이렇게 오래 두고 가깝게 사귄 벗이자 사귈 벗인 친구 사이의 마음가짐과 그 마음가짐에 바탕을 둔 말매무새를 다른 상황, 다른 관계에서도 늘 떠올리면 더 좋을 것이다.

일터 - 함께 땀 흘리며 부대끼는

● 프로의 세계

강 프로, 식사는 잡쉈고?

— 드라마 〈수리남〉

어이. 양 프로, 이리 와봐

— 영화 〈검사외전〉

드라마 〈수리남〉에서 사업가 구상만으로 신분을 위장한 국
정원 요원 최장호는 주인공 강인구를 부를 때마다 '프로'를 붙
인다. '프로'는 '프로페셔널(professional)'의 준말일 텐데 사이비
목사와 함께 일하는 홍어 수입상인 중년 남사가 프로로 보이
지는 않는다. 영화 〈검사외전〉에서는 검사끼리 성 뒤에 '프로'
를 붙여 서로를 부르는데 검사야말로 법률 전문가이니 '프로'
가 어울려 보인다. 그런데 이때의 '프로'는 검사를 뜻하는 '프
로시큐터(prosecutor)'의 준말이니 '강 프로'에서의 '프로'와는 다
른 의미다.

그런데 아니다. 일터에서 땀 흘리며 일하는 모든 이들은 프

로다. '프로'의 가장 익숙한 용법은 직업으로서 운동을 하는 선수를 본업과 병행해 운동하는 '아마추어'와 구별하기 위한 용법이다. 이 용법에 기대면 자신들의 일터에서 '밥벌이를 하는' 모든 사람은 프로다. 이 프로들은 혼자서 일하기도 하지만 다른 사람들과 함께 일하며 의사소통을 해야 하는 경우가 많다. 이러한 의사소통에서 적절한 말매무새는 주어진 일을 잘하기 위해 필요한 것이기도 하지만 가족만큼이나 많이 부대끼는 사람들 사이의 관계를 유지하기 위해서도 매우 중요하다.

일터에서의 말매무새에서 가장 중요한 것은 말짜임의 요소 중 호칭이다. 일터에는 저마다 맡은 일이 있고 그 일은 일정한 조직 체계 안에서 이루어진다. 그 조직 체계 안에서는 직급이 정해지는데 이 직급이 호칭의 기본이 된다. 이밖에도 군대, 기관, 학교 등 각각의 조직 체계 내에 다양한 직급이 있어 호칭에 활용된다.

[사무직] (인턴) - 사원 - 주임 - 대리 - 과장 - 차장 - 부장

[생산직] 직장 - 기원 - 기장 - 기감 - 기정 - 기성 - 공장장

[연구/개발직] 연구원 - 주임연구원 - 전임연구원 - 선임연구원 - 책임연구원 - 수석연구원

[임원] 이사 - 상무 - 전무 - 부사장 - 사장 - 부회장 - 회장

이 직급은 다른 사람에 대한 호칭과 지칭에 사용될 뿐만 아니라 자신을 가리킬 때도 사용할 수 있다. 직급 체계에 따른 호칭은 조직의 성격과 문화에 따라 사용 여부나 범위를 결정할 문제이니 일률적인 기준으로 관련된 말매무새를 정할 수는 없다. 그래도 어느 정도의 원칙을 세울 수는 있는데 그 기준은 관계, 상황, 태도, 참여자와 관찰자 등과 관련된 말짜임이 될 수 있다. 이러한 다양한 요소를 고려하며 그 속에서 가장 편안한 호칭과 지칭을 찾는 동시에 쓰고 듣고 지켜보는 데 거부감을 불러일으킬 요소가 있다면 곰곰이 따져 볼 필요가 있다. 나아가 이 체계가 복잡해 보인다면 이를 단순화할 수 있는 방법도 생각해 보아야 한다.

● 없애고 높여라

일터의 모든 이들은 '프로'이니 상대를 높이는 존댓말은 기본이다. 직장에서는 나이가 많고 적은 여러 이들이 높고 낮은 여러 직급을 구성하고 있다. 통상적으로는 나이가 많고 높은 직급에 있는 이는 그렇지 않은 상대에게 굳이 존댓말을 쓸 필요가 없다고 생각한다. 그러나 나이나 직급과 관계없이 모두를 프로라고 생각한다면 그에 합당한 대우를 할 필요가 있다. 직장이 아니더라도 모든 상황에서 상대를 높일 때 훨씬 더 원활한 의사소통을 할 수 있다는 점을 고려하면 상대를 높이는 것은 말매무새의 기본이기도 하다.

호칭 및 지칭과 관련된 말매무새의 가장 중요한 기준은 불리는 사람이 원하는 대로 부르는 것이다. 직장이라는 특성을 감안하면 이름 뒤에 직급을 붙이는 것이 가장 자연스럽다. 그런데 호칭은 그 대상이 들으라고 하는 것이고, 지칭도 나중에 뭐라불렸는지 알 수 있으니 그 사람이 듣기 원하는 대로 불러 주는 것이 가장 무난하다. 직장 내에서의 직급은 그에 합당한 대우를 받을 자격을 뒷받침하는 것이므로 직급에 따라 부르는 것은 결국 상대를 높이는 것이 될 수 있다. 다만 '사원, 연구원'과 같이 직급이라고 볼 수도 없는 가장 낮은 직급이 그렇게 불리는 것을 선호하지 않는다면 다른 방안을 모색해야 한다.

그런데 하급자와의 소통 과정에서 자신을 가리킬 때 직급을 언급하는 것은 주의할 필요가 있다. 상급자와의 소통에서는 자신의 소속과 직급을 밝히는 것이 원활한 소통에 도움이 될 수 있다. 반면에 하급자와의 소통에서 자신의 직급을 밝히는 것은 그 직급으로 권위를 드러내려는 행위로 비칠 수 있다. 전화 통화를 할 때 '나 ○○ 부서 김□□ 과장인데'를 '저는 ○○ 부서에서 일하는 과장 김□□인데요'와 비교하면 상대가 받는 느낌은 확연히 다르다. '저'와 '요'를 사용한 높임법 때문만은 아니다.

굳이 직급을 언급해야 한다면 '김□□ 과장'을 '과장 김□□'으로 순서만 바꾸어도 훨씬 더 부드럽게 대화를 시작할 수 있다.

소통의 상황에서는 당사자뿐만 아니라 그 소통의 과정을 지켜보는 주변의 사람들도 함께 고려해야 한다. 규모가 작고 개인적인 친분으로 형성된 일터도 있지만 일정한 조직을 갖춘 규모가 큰 일터에서는 조직 전체의 체계 속에서 호칭과 지칭을 결정해야 한다. 이러한 조직 내에서의 소통은 개인 간의 소통을 넘어 조직 전체에 영향을 미치기 때문이다. 또한 이런 상황에서는 '압존법'도 문제가 된다. 대화 참여자 간의 위계뿐만 아니라 대화에 등장하는 인물과의 다자 간 위계까지 고려해야 하는 것이 압존법이다. 결국 소통 상대와 주변을 둘러보며 높임법, 호칭, 지칭 모두를 고민해야 한다.

프로들의 일터에서 가장 우선시되어야 할 것은 일 자체임을 고려하면 말매무새에 대한 다양한 고민이 원활한 일 처리에 방해가 되는 선 피할 필요도 있다. 적절한 말매무새가 일터에서의 관계를 원만하게 유지해 주긴 하지만 말매무새를 빌미로 다툼이 있거나 업무에 차질이 있다면 바람직한 상황은 아니다. 따라서 일터에서 원만한 관계를 유지하되 업무의 효율을 높일 수 있는 말매무새의 기본 원칙이 필요한데 그 원칙은 '없애고 높이기'가 기본이 될 수 있다.

일터에서의 직급은 매우 다양하고 직급 외에 나이, 직책, 개인적 관계 등의 여러 변수가 있을 수 있다. 이러한 변수들의 위 아래, 옆, 둘레를 모두 살피는 것은 복잡하기도 하고 피곤하기도 하다. 이런 문제를 일거에 해결할 수 있는 방법은 각종 변수를 없애거나 단일화하는 것이다. 직급을 비롯한 모든 변수들을 없애면 '프로'와 '사람'만 남는다. 프로는 전문가로서 대접하고 사람은 인격체로서 대우하면 되는 상황이 만들어지는 것이다.

일터에서 관계와 관련된 모든 변수를 없애면 위계질서가 해체되고 인간 관계가 무질서해질까 우려할 수도 있으나 이는 모두를 높이는 방법으로 해결할 수 있다. 모든 프로들은 직급 및 맡은 일과 관계없이 전문가이니 모두가 존중을 받아야 할 대상이다. 일을 떠나 모두가 존엄한 인격체이니 그 자체만으로도 존중을 받아야 한다. 따라서 일터에서의 모든 프로들은 존댓말을 주고받고, 본인들이 원하는 방식으로 최대한 높이는 호칭과 지칭을 사용하면 그만이다.

없애고 높이는 시도는 이미 여러 일터에서 이루어지고 있다. 직장 내의 복잡한 조직을 팀으로 일원화하려는 시도가 그 것이고 모든 팀원이 서로를 높여 부르며 존댓말을 쓰는 시도가 그것이다. 호칭을 'OOO 씨, OOO 님'으로 단일화하고 위아래를 따지지 않고 서로 높이는 시도가 이루어지고 있다. 이러한 시도는 상대에 대한 정보 없이 소통이 이루어지는 가상공간에서도 이루어지고 있는데 그 장점이 인정돼 현실 공간에까지 확장되고 있는 현실이다. 이뿐만 아니라 이름 뒤에 '프로'나 '선수'를 붙이는 시도도 일터에서의 전문가들이 선택한 것이니 괜찮다. 외래어에 두드러기가 있는 이들, 어휘의 낯선 쓰임에 불만이 있는 이들도 있겠지만 프로의 선택은 늘 존중받을 이유가 있다.

● 사장님과 여사님은 무죄

일과 관련하여 구멍가게 혹은 1인 공장을 운영하는 남성 주인을 만났을 때 상대를 뭐라 불러야 할까? 회사의 청소를 맡은 외부 업체의 중년 여성 직원들을 어떻게 불러야 할까? 일을 하다 보면 조직 밖의 사람들과 접촉을 하며 의사소통을 해야 할 때가 있다. 이런 상황에서 상대의 이름, 직급, 직책을 알면 호칭은 비교적 쉽게 결정할 수 있다. 그러나 식급 제계가 없는 1인 업체나 직급을 부여하기 애매한 이들의 호칭은 쉽지 않다. 그렇다고 아저씨, 아줌마라고 부르는 것은 나이, 성별 등과 관련하여 복잡한 문제를 일으킬 수 있고, '청소부, 미화원' 등 그들의 업무와 관련된 호칭을 부르는 것도 꺼려진다.

이러한 상황과 관련하여 '현장'에서는 오래전부터 해법이 제시되었으니 '사장님, 대표님'이나 '사모님, 여사님' 등이 그것이다. 아무리 작은 규모의 가게나 공장을 운영하더라도 모두 사장님이다. 심지어 업체를 소유하지 않고 공사 현장에서 일을 도와주는 이도 사장님이라 부른다. 중년 여성에 대해서는 선생님 혹은 사장님의 부인이 아니어도 사모님이라 부르고 사회적 명망이 높은 이가 아니어도 여사, 나아가 여사님이라 부른다. 사정이 이렇다 보니 서로를 잘 모르는 중년은 '싸잡아' 사장님, 혹은 사모님이라 부르고 불리기도 한다.

이러한 '호칭 인플레이션'에 대해 곱지 않은 시선을 보내는 이들이 있다. '사장, 대표, 사모, 여사' 등의 본래 의미에 집착하는 이들, 이러한 흔한 호칭보다는 자신에게 딱 맞는 호칭으로 불리기를 원하는 이들이다. 사장은 어느 정도 규모를 갖춘 기업이어야 하고, 대표는 그것보다 규모가 더 커야 한다고 믿는 이들이다. 남편이 '잘 나가는' 사람이어야, 덕망이나 명망이 높은 이들이어야 사모나 여사로 불릴 수 있다고 생각하는 이들이다. 혹은 자신은 '과장, 교수, 박사, 매니저' 등의 분명한 직위, 직책, 직함이 있는데 '개나 소나' 다 부르는 호칭으로 불리는 것이 불쾌한 이들이다.

그러나 이러한 호칭 인플레이션 또한 프로들의 세계에서 서로를 높이는 행위로 보면 문제 삼을 일은 아니다. 본래 사장이 아니어도, 번듯한 규모의 업체를 운영하고 있지 않아도 사장님이라 불리는 것을 굳이 싫어할 이는 없다. 호칭은 부르는 사람보다는 불리는 사람을 위한 것임을 감안하면 더더욱 그렇다. 많은 사람들이 하찮게 여기는 일을 하더라도 자신을 여사님이라 부르는 것을 마다할 이유가 없다. 이 모두가 자신을 대우하기 위한 노력의 하나라는 것을 생각하면 더더욱이나 그렇다.

사장님이나 사모님이 아닌 좀 더 근사한 호칭으로 불리기를 바라는 이들 또한 그렇게 부르는 이들의 마음을 헤아리면 될 일이다. 자신이 '과장, 교수, 박사, 매니저'인 것을 상대가 어떻게 안단 말인가? 사장님이나 사모님이 아니면 아저씨, 아줌마로 부를 수밖에 없는데 그것은 더 기분이 나쁘지 않은가? 그렇다고 '당신'이나 '댁'이라고 부르면 싸움을 하자는 것으로 받아들이지 않는가. 이런 모든 상황을 종합하면 사장님이나 사모님은 나를 잘 모르는 상대가 나에게 할 수 있는 최대한의 대접인 것이다.

모두가 자신들의 삶의 터전에서 프로로서 땀을 흘리며 살아간다. 일터에서 무엇보다 중요한 것이 일 자체라면 그 일이 원활하게 이루어질 수 있도록 하는 말매무새는 모두에게 필요하다. '없애고 높이는' 말매무새 또한 궁극적으로는 함께 땀 흘리며 살아가는 사람들 모두가 행복해지기 위해 나온 것이다. 그런 말매무새는 각 일터에서의 프로, 그리고 말의 주인들이 찾은 것이며 앞으로도 더 열심히 찾을 것이다.

정치 - 모두를 아우르는

● 막말과 정치 사투리

"국회에서 이 ○○들이 승인 안 해 주면 □□□ 쪽팔려서 어떡하나?"

2022년 9월, 이 한 문장이 담긴 영상과 소리를 두고 전 국민이 듣기와 읽기 평가를 받았다.

'○○' 부분에 들어가는 말은 '새끼'라는 데 이견이 없는 듯한데 흔히 욕설에서나 쓰는 단어다. 감추기 처리가 안 된 '쪽팔리다' 또한 비속어이니 점잖은 말투와는 거리가 멀다. '□□□' 부분은 미국 대통령을 가리키는 '바이든'으로 들리는데 일각에서는 '날리면'이라고 주장하고 있다. 말소리의 특성과 대화의 맥락을 살펴보면 '날리면'일 가능성은 절대 없지만 음원이 부실하니 그 판단은 유보하는 것이 좋겠다. 그래도 '새끼'와 '쪽팔리다'는 여전히 남으니 정치인의 화법으로서는 얘깃거리가 될 만하다.

막말 화법, 유체이탈 화법, 내로남불 화법, 여의도/서초동 사투리……. 흔히 정치인들의 화법을 가리키는 말인데 어느 하나도 긍정적인 것은 없다. '막말'은 나오는 대로 함부로 하는 말이니 막말 화법은 자신의 처지나 앞뒤를 가리지 않고 하는 화법이다. '유체이탈'은 몸에서 혼이 빠져나가는 것을 말하니 유체이탈 화법은 본인과 관련된 이야기를 마치 남 이야기하듯 말하는 화법이다. '내로남불'은 나는 되고 남은 안 된다는 뜻이니 유체이탈 화법과 비슷하되 제멋대로의 기준을 들이대 말하는 화법이다. 마지막으로 '사투리' 앞에 특정 기관이 몰려 있는 지역 이름을 붙여서 그 기관에서 일하는 직업 특유의 방식으로 말하는 것을 가리키기도 한다.

정치는 사람이 사람을 대상으로 하는 것인데 그 주요 수단 중 하나가 말이니 정치에서 말이 빠질 수는 없다. 정치인들의 말에서는 주어, 진실, 반성, 증거, 포용, 이해, 설득 등 반드시 있어야 할 것 또는 긍정적인 것을 찾아보기 어렵다. 반면에 막말, 거짓, 회피, 억측, 비하, 억지, 꼬투리 잡기가 넘쳐난다. 게다가 '이 땅의 모든 말'에는 절대 끼워 넣고 싶지 않은 이상한 개념의 사투리까시 등상한나.

이러한 정치 화법은 의도적으로, 때로는 전략적으로 사용한다. 말과 글을 통한 의사소통의 근본적인 목적은 '너'와 '나'를 포함한 '우리'의 문제를 해결하기 위한 것인데 정치에서는 '나'가 '너'를 누르고 승리하는 것을 목적으로 삼는다. 따라서 막말은 상대를 공격해 기를 누르기 위해서, 유체이탈과 내로남불 화법은 자신의 책임은 회피하고 상대에게 책임을 뒤집어씌우기 위해서 쓴다. 정치권에서 말하는 사투리에도 서초동, 여의도 등 지역 이름이 붙지만 실제로는 직군이나 정치적 배경에 따라 다른 이들을 공격하기 위한 특성을 보인다.

이러한 양상은 정치에서의 말이 말씨, 말투, 말짜임의 영역 밖이라는 사실을 말해 주지만 그럼에도 불구하고 정치에서의 말매무새에 대해서는 근본적인 고민과 이에 대한 해법이 필요하다. 정치인들이 자신과 자신이 속한 집단의 이익을 위해서 싸우고 있지만, 정치의 근본적인 목적은 국민들이 인간다운 삶을 영위하게 하고 상호 간의 이해를 조정하며 사회 질서를 세우는 것이다. 따라서 정치의 말매무새 또한 이 근본적인 목적을 달성하기 위한 것이어야 한다. 그리고 이 말매무새 정립을 위해서는 이 땅의 모든 말인 말씨와 모든 말의 주인들이 쓰는 말투에서 답을 찾아야 한다.

● **'할많하않'과 접는 화법**

할많하않, 젊은이들 말투의 특징이 별걸 다 줄이는 것이라지만 이 줄임말은 심하다. '할 말은 많지만 하지 않겠다'를 줄인 것인데 줄임말에 대한 거부감에도 불구하고 '할 말'이 무엇인가에 따라 이 줄임말은 꽤나 쓸모가 있다. 할 말이 '헛소리'라면 하면 할수록 자신의 체면만 깎이고, '잔소리'라면 괜한 반발만 일으키고, 오지랖 넓은 '지적질'이라면 부작용만 불러일으킬 것이다. 설사 꼭 해야 할 말이라도 때와 장소에 맞지 않는다면 안 하니만 못하다. 이 '할많하않'은 이러한 모든 의미를 담고 있다.

'바이든' 혹은 '날리면' 소동은 이 '할많하않'의 뜻을 알고 따랐다면 얼마든지 피할 수 있었다. 어떤 상황에 대한 불만과 분노는 누구나 가질 수 있는 것이고 그것을 적절히 표현하는 것이 꼭 필요할 때도 있다. 그러나 방송용 카메라가 돌아가는 상황에 이러한 말을 하는 것은 방송을 보고 듣는 모든 이에게 하는 말이나 다름없다. 설사 방송이나 공개석상이 아닌 개인끼리의 자리라 해도 말하는 사람의 지위를 감안한다면 '새끼'나 '쪽팔리다'란 표현은 결코 입에 내선 안 될 것이었다.

출근길 문답, 또는 약식 기자회견 정도로 풀이할 수 있는 '도어 스테핑' 또한 '할많하않'이 실현되었다면 대국민 소통을 위한 좋은 사례로 남을 수 있었다. 국정의 최고 책임자인 만큼 다양한 사안에 대한 개인적인 의견이 있을 수 있으나 그가 하는 한 마디, 한 문장이 미칠 파장을 생각하면 최대한 신중해야 한다. 수많은 전문가와 기관의 도움을 받아 국정을 수행하는 역할인 만큼 많은 부분은 참모나 담당자에게 맡기고 최소한도의 발언만 가려서 해야 한다. '필말꼭하', 필요한 말만 꼭 하겠다는 의지가 실현되었다면 도어 스테핑은 큰 의미를 지니며 지금도

시행되고 있을 것이다.

접는 화법, 충청도 양반의 후손답게 이 화법을 구사했다면 '날리면' 소동은 없었을 것이다. 충청도 말씨의 특징 중 하나는 말하고자 하는 바를 직접적으로 말하기보다는 여러 방법으로 돌려 말하는 것이다. 이 접는 화법에 익숙한 이라면 다음과 같이 말했을 것이다.

"돈은 대한민국 국민의 염원을 담았지만 공은 바이든과 미국 의회의 손으로 넘어간 셈이지?"

문제 상황은 '글로벌 펀드 재정 공약 회의'에서 바이든 대통령과 짧게 만나고 저개발 국가 질병 퇴치를 위한 재정기여금을 분담하겠다고 발언한 이후에 발생했다. 이 회의에 반드시 거금을 기부해야 하는지, 이 기부에 대해 국민적인 지지를 받을 수 있을지 불확실한 상황이다. 미국 대통령을 독대하며 긴 시간 회담을 가져도 모자랄 판에 몇십 초에 불과한 짧은 인사로 그쳤으니 충청도 말로 '부애'가 날 만도 하다. 그러나 '대한민국 국민의 염원을 담은 돈'이라고 말하는 순간 이 기부금은 그리 규정된다. '돈'에 운을 맞춘 '공'을 미국 대통령과 의회에 넘겼으니 자신의 바람과 압박을 동시에 표현할 수 있다.

충청도 말씨의 또 다른 특색인 돌리고 늘이는 화법을 쓴다면 다음과 같이 인터뷰할 수도 있을 것이다.

"저개발 국가의 질병 퇴치를 위한 오늘의 기여가 국민 여러분의 염원에, 그리고 국민 여러분의 머릿속에 자리 잡은 대한민국의 국격에 합당한 것인지 다시 한 번 조심스럽게 생각하게 됩니다. 오늘 바이든 대통령과의 만남은 비록 짧았지만 미국과의 굳건한 동맹의 시간과 세계의 평화와 안녕을 위한 공동의 발걸음은 영원히 지속될 것입니다. 지구촌의 평화를 위한 국민 여러분의 바람은 충분히 표현되었으니 이제 남은 것은 미 의회의 승인을 위한 바이든 대통령의 노력, 그리고 의원들의 적극적인 동의와 순탄한 승인입니다. 이 또한 저와 국민 여러분의 하나 된 뜻이 전달되면 이루어질 것으로 믿습니다."

다소 장황하게 보일 수 있지만 이 발언은 충분한 서사구조를 갖추고 있다. 서사의 주인공은 대한민국 국민이고 대통령 자신은 국민의 염원을 전달한 존재에 불과하다며 낮추고 있다. 미국 대통령의 노력과 의회의 승인을 촉구하는 마음을 완곡하게 전달하는 과정에서도 우리 국민의 일치된 동의가 꼭 필요함을 억설하고 있다. 이러한 발매부새는 자신은 낮추면서 국민을 높이고, 자신의 행위가 국민의 뜻에 따라 이루어졌음을 기정사실화하며 이후의 과정에서도 동의와 지지가 당연한 것임을 역설하고 있다.

할많하않과 접는 화법은 정치인에게 꼭 필요한 화법이지만 할 말이 없어 하지 못하는 '할없하못'과는 분명히 구별되어야 한다. 하지 말아야 할 말과 안 해도 될 말을 해서 설화를 입는 것이 두렵다면 하지 않는 편이 낫다. 그런데 때로는 아는 바나 생각한 바가 없어 하지 못하는 경우가 있다. 이는 일본의 대표적 세습정치 가문의 한 인사가 한 다음 발언 사례에서 확인할 수 있다.

기자: 기후 변화에 대해 어떻게 대처하면 좋은가?

고이즈미: 기후 변화에 대한 대처는 펀(fun)하고 쿨(cool)하고 섹시(sexy)해야 한다고 생각합니다.

기자: 방금 한 말은 무슨 뜻인지 설명해 줄 수 있는가?

고이즈미: 그걸 설명한다는 것 자체가 섹시하지 않습니다.

기자: 오염토를 외부로 옮기는 것에 대해 어떻게 생각하는가?

고이즈미: 저의 30년 후를 생각해 봤을 때 30년 후의 저는 몇 살일까 하고 생각해 봤습니다. 30년 후에도 제가 건강하다면 30년 후의 약속을 지킬 수 있을지 없을지, 그 시점을 지켜볼 수 있는 가능성이 있는 정치가라고 생각합니다.

이 사례에서 이 정치인은 무언가 말은 하고 있으나 아무런 도움이 되지 않는 '아무 말 대잔치'를 하고 있다. 이는 말재주의 문제가 아니라 이 사안에 대해 지식이 없거나 생각해 보지 않았기 때문에 나타나는 모습이다. 정치인이자 행정가라면 해당

사안에 대해 충분한 실무적 지식이 있어야 할 뿐만 아니라 문제 해결을 위한 올바른 관점과 중요한 방향을 제시할 수 있어야 한다. 그러나 이 정치인은 이미지 관리를 위한 말을 이어갈 뿐 이러한 기대에 전혀 부응하지 못하고 있다.

이러한 문제의 근본적인 원인은 말짜임의 요소 중 '내용'에 대한 준비가 전혀 안 되어 있기 때문이기도 하다. 말은 '소리'가 아니라 그 소리가 담고 있는 '내용'인데 이는 학습과 사유에 의해 축적되는 것이다. 할 말이 없어 하지 못하는 '할없하못'은 우리 정치인들에게서도 많이 발견되는 문제이기도 하다. '할없하못'의 상황이면 차라리 말하지 않는 편이 나은데 그래도 아무 말이나 해야겠다는 생각에 무책임하게 말을 내뱉어 온갖 파장을 일으키는 일이 많다.

가장 대표적인 사례를 꼽자면 '내가 해 봐서 아는데……'로 시작하는 말이다. 대기업 말단 직원으로 시작해 조직 내 최고의 시위에 올랐다가 성지인으로 변신해 대통령까지 역임한 이의 말매무새이다. 기업에서 잔뼈가 굵었으니 수없이 많은 일을 해 보았을 터이고 정치에 입문 후 여러 경험을 해 보았으니 모르는 일이 없다고 느낄 수도 있다. 그러나 국정의 최고 책임자는 모든 일을 알고 있어 스스로 결정을 내리는 위치가 아니라 각각의 일에 최고의 전문가들을 모셔 경청해야 할 위치이다. 따라서 '내가 해 봐서 아는데'라고 말하는 것이 아닌 '네가 해 봐서 아는 것'을 듣는 말매무새여야 한다.

● 토론의 기술과 포용의 미학

쇼펜하우어는 염세주의 철학자로 대중에게 알려져 있지만 철학사에서 꽤 중요한 업적을 남긴 인물이다. 그런데 이런 철학자가 썼다고는 믿기 어려운 저작이 있으니 『논쟁에서 이기는 38가지 방법』라는 책이다. 언뜻 보면 토론을 위한 논리학 책으로 보이나 "대화와 논쟁에서 나의 말이 진리인지는 중요하지 않다. 논쟁술은 나의 말이 옳음을 주장하는 기술이다"라는 문구에서 이 책의 성격을 엿볼 수 있다. 이 책에 제시된 38가지 방법 중 일부를 제시하면 다음과 같다.

1. 확대해석하라 / 5. 거짓된 전제들을 사용하라 / 8. 상대방을 화나게 만들어라 / 9. 상대에게 중구난방식의 질문을 던져라 / 36. 의미 없는 말들을 폭포수처럼 쏟아 내라 / 32. 상대방의 주장을 증오의 범주 속에 넣어라 / 12. 자신의 주장을 펴는 데 유리한 비유를 재빨리 선택하라 / 29. 상대방에게 질 것 같으면 화제를 다른 곳으로 돌려라 / 14. 뻔뻔스러운 태도를 취하라 / 22. 상대가 억지를 쓴다고 큰소리로 외쳐라 / 18. 논쟁의

일부 항목만 보아도 논리적이고 이성적인 토론의 방법이라
고는 절대 볼 수 없지만 안타깝게도 정치판에서 늘 보던 행태
이기도 하다. 이 토론의 기술은 '막말, 거짓, 회피, 억측, 비하, 억
지, 꼬투리 잡기' 등을 문장으로 풀어 놓은 것임을 알 수 있다.

쇼펜하우어가 이런 토론의 기술을 꼭 정치판에서 써야 한다
고 특정한 것은 아니지만 쇼펜하우어의 시대나 지금이나 정치
판의 속성이 이러한 것은 모두가 알고 있는 사실이다. 정치판의
정치인 또한 거짓말쟁이, 사기꾼, 허풍쟁이 등으로 여기는 것이
익숙하다. 그런데 최근에는 정치인의 말투에 '사투리'를 붙이는
사례가 종종 발견된다. 정치인들의 말투에 국회가 있는 여의도
를 붙여 '여의도 사투리'라고 부르고 법조인 출신의 정치인, 특
히 검사 출신의 정치인들이 쓰는 말투에 법원이 많은 서초동을
붙여 '서초동 사투리'라고 부르는 식이다.

검사는 정의의 수호를 위하여 범죄자가 응분의 처벌을 받
도록 애쓰고 변호사는 의뢰인의 권리와 이익을 수호하기 위해
노력한다지만 이들의 행위를 단순화하면 이기기 위해서 싸우
는 것이다. 비록 법률에 의거한다지만 검사는 어떻게든 범죄를
입증해야 하고 변호사는 의뢰인의 편에 서서 싸워야 한다. 특

히 검사나 검사 출신의 변호사는 우월한 지위에서 범죄 혐의자들을 다그치고 윽박지르는 데 익숙해져 있는데 이런 식의 말투나 화법을 서초동 방언이라 부르는 것이다. 이러한 화법이 정치에서의 화법에 더해지니 정치판의 화법은 참혹한 수준에 다다를 수밖에 없다.

'정치'는 나라를 다스리기 위해 '국가의 권력을 획득하고 유지하며 행사하는 활동'과 '국민들이 인간다운 삶을 영위하게 하고 상호 간의 이해를 조정하며, 사회 질서를 바로잡는 따위의 역할'로 풀이된다. 정치의 궁극적인 목적은 후자인데 현실에서는 전자가 되어버린 것이 현실이다. 권력의 획득과 유지가 우선이고 종내에는 궁극적인 목적이니 후자는 그저 듣기 좋으라고 하는 수사에 불과한 것이 되었다.

여의도에 국회의사당이 있으니 여의도 사투리는 곧 정치인의 화법을 가리킨다. 정치인만의 화법이란 게 있을까 싶지만, 있다면 정치의 본질적 목적을 달성하기 위한 것이어야 한다. 그러나 우리에게 익숙한 정치인의 화법은 막무가내식의 우기기 화법이다. 정부와 여당은 자신들의 정책을 밀어붙이기 위한, 야당은 그 정책의 옳고 그름을 따지기보다는 당의 이익을 위해 반대편을 무조건 반대하고 깎아내리기 위한 화법을 쓴다. 이 또한 지역으로서의 여의도, 방언으로서의 여의도 말씨에 대한 모욕이다. 여의도의 주인은 여의도에 거주하는 사람들이지 4년

마다 오고 가는 철새들이 아니다.

이러한 현실에서 정치인들에게 바람직한 말매무새에 대해 논하는 것은 전혀 의미가 없을 수 있다. 정치인들 역시 정치의 목적이 후자인 것을 모를 리 없지만 전자가 일단 쟁취되어야 후자도 가능하다고 생각하는 한 전자를 위한 싸움에서 무조건 이기려 할 것이다. 그럼에도 불구하고 정치를 위한 바른 말매무새는 후자의 목적에 기댈 수밖에 없다.

후자의 뜻풀이는 '국민들의 인간다운 삶의 영위, 상호 간의 이해 조정, 사회 질서'의 세 항목으로 되어 있는데 주목할 만한 것은 '상호 간의 이해 조정'이다. 이는 국가를 구성하는 여러 집단 간의 이해 조정을 가리키는 것이나 각각의 집단을 대표하는 정치 세력, 또는 정치인들 간의 이해 조정으로 풀이할 수도 있다. 상대를 짓밟아 반드시 승리하는 것이 아닌 서로의 이해를 조정해서 함께 승리하는 방법을 찾아 보자는 것이다.

토론이든 말싸움이든 상대가 반드시 정해지기 마련이니 결국 '나'와 '너'의 다툼이 나타날 수밖에 없다. 그러나 '나'와 '너'는 '우리'로 귀결된다. 상호 간의 싸움으로 어느 한 쪽이 사라지면 '우리'는 영원히 성립될 수 없다. 이는 결국 '우리'를 위해 서로를 포용하려는 노력이 반드시 필요함을 말해 준다. 정치에서의 말매무새 또한 개별적인 방법보다는 '우리'를 위한 궁극적인 포용의 자세에 대한 이해와 실천의 길을 제시할 수밖에 없다.

"우리가 남이가?"

"우덜끼리 잘 해 봐야지!"

앞의 말은 '남이가'에 포함된 말끝 때문에 경상도 말씨임을 알 수 있고, 뒤의 말은 '우덜' 때문에 흔히 전라도 말씨로 알려져 있다. '우리'나 '우덜' 모두 일인칭 복수를 나타내는 대명사인데 한국어에서는 이 대명사가 매우 독특하게 쓰인다. 무남독녀 외동딸이 친구들과 대화할 때 '우리 아빠'라고 한다든가 여자끼리의 대화에서 '우리 남편'이라고 하는 용법이 그것이다. 논리적으로는 '우리'의 용법이 성립할 수 없지만 이에 대해 문제를 제기하는 이는 없다. 오히려 이러한 표현이 우리의 공동체 의식을 은연중에 드러내 주는 것으로 이해할 수도 있다.

'우리가 남이가?'는 경상도 출신의 정치인이 자신이 속한 정치집단의 이익을 위해서 한 말이지만 본래 경상도 지역에서 흔히 쓰이던 말이었다. '우덜' 또한 전라도뿐만 아니라 경기나 충청도 지역에서 널리 쓰이던 말이었다. 이때의 '우리'나 '우덜'이 본래 '나'와 '너'를 포함한 일인칭 복수를 나타내는 것에는 변함이 없다. 문제는 '우리'나 '우덜'의 범위, 혹은 '너희'나 '늬들'의 범위를 어떻게 설정할까에 있다.

어떤 정치인이든 '우리'나 '우덜'의 범위가 넓기를 원할 것이고 궁극적으로는 국민 전체를 아우르기를 바랄 것이다. 일인칭 복수 대명사의 범위가 나를 포함한 이 땅의 모든 사람이 되기를 원한다면 그 모두를 포용할 수 있는 정치인이 되어야 한다. 그리고 그 시작은 우리 모두를 아우르는 말매무새가 되어야 한다.

문서 - 눈으로 소통하는

● 글, 참을 수 없는 쓰기의 어려움

　말하는 것은 쉬운데 글 쓰는 것은 어렵다. 많은 사람들이 이렇게 생각하는데 실제로 그러한가? 말은 술술 잘 하면서 글을 쓰라고 하면 한 줄, 한 글자를 쓰기도 어려워하는 경우가 많다. 글 이전에 말이 있었으니 말을 문자로 옮겨 놓으면 그것이 곧 글이 될 수 있을 듯한데 실제로는 그렇지 않다. 말과 글 모두 '언어'라고 하지만 글은 매우 어려워 쉽사리 접근하기 어려운 것으로 여긴다. 상황이 이러하니 글쓰기에서의 말매무새에 대한 논의는 의미가 없어 보이기도 한다. 말문도 떼지 못한 아이에게 말을 더 잘하는 방법을 설명하려는 것과 다르지 않기 때문이다.

　그러나 글쓰기가 어렵다고 느껴지는 이유는 글 자체에 있는 것이 아니다. 활자화돼서 여러 사람이 언제든지 읽을 수 있다는 것, 말하기보다는 훨씬 더 공식적인 성격을 띤다는 것 등은 말과 구별되는 글의 속성이다. 이것 때문에 글쓰기가 어렵다고 느껴지기는 하지만 이는 부수적인 문제일 뿐이다. 맞춤법, 띄어쓰기, 어법 등 고려해야 할 것도 많은데 이 또한 말과 결정적으로 다른 것은 아니다. 어법에 맞는 문장을 바른 발음으로 적절히 끊어서 말하는 것 또한 말하기에서 필요하기 때문이다. 다만 스쳐 지나가는 말에서는 이런 것들을 시비 삼는 경우가 드문 반면 활자로 바뀌어 언제 어디서든 다시 꼼꼼히 따져볼 수 있는 글에서는 시빗거리가 되는 경우가 많지만, 근본적으로 차이가 있는 것은 아니다.

글쓰기의 어려움은 말짜임의 여러 요소 중 '서사' 즉 어떤 이야기를 어떻게 구성해서 전개할 것인가와 밀접한 관련이 있다. 먼저 글로 쓸 만한 이야깃거리가 있는가가 문제이다. 말은 일상에서 사소한 정보와 감정을 주고받기 위해 언제든 할 수 있지만 글은 이보다는 좀 더 공식적인 것이어서 글로 쓸 만한 것인가에 대한 판단을 받게 된다. 글로 남길 만한 이야기이고 그에 대해 축적된 지식이 있는가, 충분한 사고를 통해 설득력 있는 주장을 펼칠 수 있는가, 스스로 깊이 느껴 남들과 공감할 거리가 있는가를 따져봐야 한다. 이것이 없다면 설사 글로 써 놓았더라도 그것은 '글자'에 불과하다.

그다음은 그 이야기가 이해, 설득, 감동하기에 적절한 구조로 잘 짜였는가가 문제이다. 모든 나무는 뿌리, 줄기, 잎의 기본적인 구조를 갖추고 있고, 모든 건물은 바닥의 기초와 지상의 벽체로 나누어진 공간, 그리고 그것을 덮는 지붕의 구조를 갖추고 있다. 이러한 기초적인 구조에 익숙해져 있으니 글 또한 이런 구조를 갖춰야만 사람들이 자연스럽게 읽고 받아들일 수가 있다. 자연스럽게 글에 몰입할 수 있게 하는 도입부가 있어야 하고, 중심부는 전후좌우의 관계가 치밀하게 짜여 있어야 하고, 생각할 거리를 남기며 부드럽게 끝맺음을 해야 한다. 말에서도 이것이 요구되지만 글에서는 더욱더 철저하게 요구된다.

글에서는 읽기만 해도 이야기를 이루는 정보, 주장, 감정을 수용할 수 있고, 같이 느낄 수 있도록 하는 게 중요하다. 하나하나의 문장, 구, 단어로 표현되는 모든 것이 이러한 자연스러운 흐름을 만들어 낼 수 있어야 한다. 쓰고자 하는 내용을 표현하기 위해 어떤 전개 방법을 쓸 것인지, 어느 정도의 내용을 어떤 순서로 펼쳐나갈 것인지에 대한 구체적인 전개 계획이 있어야만 그 글이 담을 내용이 자연스럽게 전달된다.

글쓰기가 어려운 이유를 띄어쓰기, 맞춤법, 어법 등에서 찾는 이가 많다. 그러나 이것은 부수적인 조건이고 이 때문에 글쓰기가 어렵다는 것은 핑계에 불과하다. 글로 써야 할 이야기와 그 이야기에 적합한 구성과 전개가 어려울 따름이다. 구성과 전개가 제대로 갖추어진 뒤에야 비로소 어문규범이나 어법을 따질 수 있다. 따라서 참을 수 없을 정도로 글쓰기가 어렵다고 느껴진다면 먼저 다음 사항을 생각해 볼 일이다. 쓸 만한 이야기가 준비됐는가? 그 이야기를 남들이 받아들일 수 있을 만한 이야기로 짜서 풀어나갈 수 있는가? 말에서도 이런 것이 필요하지만 글은 이에 대해서 더 혹독한 평가를 받는다. 스스로 평가해도 자신의 글에 후한 점수를 줄 수 없으니 글쓰기는 늘 어렵게 느껴진다.

● 왜, 누구를 위해 쓰는가?

구랍 그믐의 결례에 심심한 사과를 드리며 금일 부로 시작되는 사흘간의 장도에 무운을 빕니다.

최근에 문제가 되었던 단어들을 모아 억지로 만든 문장이지만 아무런 사전 정보 없이 이 문장을 본다고 가정해 보자. '드리다, 빕니다'를 쓴 것으로 보아 꽤나 정중한 문장이다. '그믐, 금일(今日) 부, 사흘'을 통해 나이가 좀 든 사람이거나 옛날 말투를 쓰는 사람이라고 짐작할 수 있으며, '구랍(舊臘), 심심(甚深)하다, 장도(長途), 무운(武運)' 등의 한자어를 쓴 것으로 보아 한자어에 대한 지식도 풍부해 보인다. 어법 면에서도 딱히 문제가 없고, 나이가 좀 든 사람, 어휘에 대한 지식이 풍부한 사람에게는 내용 전달도 잘 되니 흠잡을 데가 없는 문장으로 보인다.

그런데 누군가 '심심한 사과, 금일, 사흘, 무운'을 차례로 '지루하고 재미없는 사과, 금요일, 4일, 운이 없음'으로 이해하면서 한바탕 난리가 났다. 저마다 벌떼처럼 들고일어나 '무식한 요즘 젊은것들'에 대해 혀를 끌끌 차며 '어휘력, 문해력'의 문제를 지적하고 '인터넷, 미디어' 탓을 하며 '독서, 교육'을 통한 해법을 제시했다. 극히 일부의 오해, 실수, 장난일 수도 있는데 같은 시공간에서 살아가는 '말의 주인' 일부를 비난하기에 여념이 없었다. 문제의 본질은 어렵거나 오해를 살 만한 단어와 표현으로 문장을 쓴 것인데 이에 대한 지적은 보이지 않는다.

지난해 12월 31일의 예의 없는 행동에 진심으로 사과드리며 오늘부터 시작되는 3일간의 긴 여정에 행운을 빕니다.

이리 썼으면 얼마나 좋았을까? 논란이 된 '심심한 사과'는 한 카페가 팬 사인회를 준비하며 SNS에 올린 공지에서 나온 것이니 상대적으로 한자어나 오래된 표현에 약할 수 있는 젊은이들이 대상이었을 것이다. 공지는 많은 이들이 정확하고도 충분히 이해할 수 있도록 쓰는 것이 좋으니 문제는 잘못 읽은 이들이 아니라 그리 읽힐 수도 있게 쓴 이에게 있다. 공지문을 쓴 이는 늘 봐 오던 문어체의 옛날식 표현이 더 정중하게 보일 것으로 판단해 그대로 가져다 썼을 가능성이 있다. 읽는 이들 또한 이를 모르지 않으나 기분이 상한 상태에서 그 오해의 소지를 꼬투리로 잡은 것일 수 있다.

이러한 상황은 글을 쓰는 근본적인 목적에 대해 다시금 생각해 보아야 할 필요성을 제기한다. 글을 왜 쓰는가, 누구를 위해 쓰는가에 대한 명확한 목적이 설정되지 않으면 그 이후의 모든 과정에서 문제가 발생할 수밖에 없다. 앞의 예시 상황에서 글을 왜 쓰는가를 생각해 보자. 자신들이 주최한 행사에서 문제가 발생해서 사과를 해야 하고 이후의 과정에서 모든 일이 잘 되길 기원하고자 한다. '사과'와 '기원'이 목적이니 글의 모든 내용은 이에 집중이 되어야 한다.

그 글을 누가 읽을 것인가에 대한 고민도 필요하다. 대상이 아이들이라면 아이들에게 맞는 용어로 문장을 써야 한다. 행사에서 피해를 본 이들을 대상으로 쓰는 것이니 최대한 정중해야 한다. 직접적인 대상자뿐만 아니라 이 행사와 관계된 이들, 이 집단을 지켜보는 이들까지 고민해야 한다. 사과나 기원은 그 대상이 정해져 있으니 그 대상이 쉽게 이해할 수 있도록 써야 한다. '사과'가 과일로 받아들여진다면, '심심한'이 '재미없는'으로 받아들여진다면 이미 그 대상으로 하여금 이해하게 하는 데 실패한 것이다.

● 공적인, 때로는 사적인

글로 소통하는 것의 또 다른 어려움은 글은 말에 비해 공식적인 성격을 띤다는 데 있다. 쓰는 사람은 한 명인데 읽는 사람은 헤아릴 수 없다. 말로 하는 소통은 사적인 소통이 대부분인데 글로 하는 소통은 공적인 소통인 경우가 훨씬 더 많아 그에 따른 책임이 따른다. 녹음하지 않는 한 사라지는 말과 달리 글은 영원히 남는다. 글로 소통할 때는 서로의 표정과 몸짓은 볼 수 없고 오로지 주어진 문장이 전부이다. 어떤 사람이 어떤 의도로 읽을지 알 수 없고, 반응을 보고 즉시 내용을 고치거나 추가할 수도 없다. 하고 나면 사라지는 말과 달리 기록으로 영원히 남는다. 이러니 많은 이들이 글로 하는 소통을 어려워할 법도 하다.

글에서 쓰이는 문장은 문어라고 해서 일상적인 말에서 쓰이는 구어와 구별되는 특성이 있다. 말씨는 표준어로 바뀌고 말투는 개별적인 변수가 배제된 채 공식화된 문어체를 쓴다. 그 대상이 불특정 다수라면 더 공식적인 문체로 바뀐다. 문서의 종류에 따라 일정한 형식을 갖추어야 하고 문장과 문장, 단락과 단락은 보다 유기적인 관계를 맺어야 한다. 글에서 쓰이는 어휘의 수와 종류는 구어에서보다 훨씬 더 많고 다양하다. 일상의 말을 그대로 글로 옮기는 것은 적절하지 못하다고 비판을 받으니 글에 쓰는 문장으로 바꾸어야 한다.

그런데 글이 가진 속성 몇 가지를 생각하면 글쓰기가 반드시 어려운 것만은 아니다. 말은 짧은 시간에 생각해서 순식간에 해야 한다. 한 말은 다시 주워 담을 수도 없고 이전의 말로 되돌아갈 수도 없다. 그러나 글은 많은 시간을 들여 치밀한 고민 끝에 완성해서 전달할 수 있다. 최종적으로 읽히기 전까지는 얼마든지 고칠 수 있고 문장의 순서를 바꿀 수 있다. 글을 쓸 때 심사숙고해야 하는 어려움이 있지만 심사숙고의 과정에서 문제의 소지를 줄이고 자신이 쓰는 글의 목적을 달성하기 위해 노력할 수 있는 여지가 충분히 있다. 누구를 위해 왜 쓰는가에 대한 고민과 준비가 철저할수록 그 글은 모두가 쉽게 읽고 이해하거나 동조할 수 있는 글이 될 것이다.

가상공간 - 보이지 않는, 그러나 영원한

● **내가 낸데!**

"니 내 누군 줄 아나, 응?"

영화 속 명장면의 명대사는 글로 써 놓아도 그 장면과 목소리가 그대로 떠오른다. 1980년대 부산을 배경으로 한 영화 〈범죄와의 전쟁〉에 나오는 이 대사 또한 마찬가지이다. 비리 때문에 체포돼 경찰서에 끌려온 세무 공무원이 자신의 존재를 알아달라고 허세를 떨며 하는 말이다. 유력인사와의 친분을 내세우려는 쓸쓸한 장면이지만 이 대사는 요즘 세상에서 곰곰이 씹어볼 만하다. 어떻게든 자신의 존재를 알리려 하는 상황과는 반대로 자신의 존재를 숨기며 가면 뒤에 숨어서, 혹은 아바타를 내세워 온갖 험한 말을 쏟아내는 가상공간에서의 행태를 보면 더더욱 그렇다.

컴퓨터와 인터넷의 발달에 따라 새로운 공간에서의 새로운 소통 방법이 생겨났다. 이전의 소통은 내가 사는 삶의 터전에서 내가 아는 이들과의 육성, 우편과 전신을 통한 글, 유무선을 타고 오가는 음성을 통해 이루어졌다. 그런데 크기를 가늠할 수 없는 공간에서 상대를 특정할 수 없는 소통이 가능해졌다. 인터넷을 기반으로 포털, 소셜 미디어 등을 통해 글, 음성, 영상, 이미지 등을 공유하며 다양한 방법으로 소통한다. 나아가 현실 세계와 가상 세계가 융합된 세계인 메타버스를 통한 새로운 교류가 이루어지기도 한다.

"니 내 누군 줄 모르지?"

이 공간에서의 문제는 이런 말 속에 담긴 태도 때문에 불거지는 경우가 많다. 물론 반어법이 아닌 단어의 조합이 나타내는 뜻 그대로 이 문장을 해석해야 한다. 이 공간은 원한다면 현실의 나를 감춘 채 가면 뒤에 숨은 새로운 나를 내세울 수도 있다. 사람들은 가면을 쓰면 용감해진다. 가면 뒤에 숨은 나는 감춰지고 자신은 쓰고 있는 가면으로 사람들에게 보이기 때문이다. 이 공간에서 이렇게 가면을 쓴 이들이 넘쳐나기 때문에 상대가 누구이든 내 마음대로 대할 수도 있다. 이러한 익명성이 이 공간의 장점이기도 하지만 이로 인해 수많은 폐해가 나타나고 있다.

따라서 이 공간에서의 밀매무새에 대한 논의는 밀 자체가 아닌 그 말을 하는 이에 대한 논의로부터 시작해야 한다. 어떻게 말을 해야 하는가의 문제가 아니라 누가 말을 하는가의 문제이다. 현실 공간에서는 지극히 정상적인 말매무새를 갖춘 이가 가상공간에서 돌변한다면 그것은 말매무새에 대한 지식과 태도의 문제가 아니라 가상공간에서 돌변하는 존재 자체의 문제이기 때문이다. 이럴 때 떠올리면 좋을 만한 부산 지역의 말이 있다. '니 내 누군 줄 아나?' 또는 '니 내 누군 줄 모르지?'와 비슷하면서도 묘하게 다른 말이다.

"내가 낸데!"

굳이 표준어로 바꾸자면 '내가 나인데'라는 말인데 이리 바꾸어 놓아도 다른 지역 사람들에게는 그 뜻이 잘 와닿지 않는다. 보통은 자신의 존재감을 드러내면서 허세를 부리고자 할 때 쓰는 말이다. '내가 충분한 능력이 있는 사람이니 내가 이리 멋지게 행동한다'는 뜻이다. 표준어에서 비슷한 말을 찾자면 '내로라하는 사람'을 들 수 있는데 옛 말투를 걷어 내고 요즘 말로 하자면 '나라고 하는 사람'이다. 이 또한 특정 분야나 특정한 일에서는 자신이 최고라고 내세우며 자신감을 넘어 허세까지 가미한 표현이다. 둘 다 우월감에 가득 차 거들먹거리는 말이기는 하지만 '나'를 분명히 내세운다는 점에서 가상공간의 가면 뒤에 숨거나 아바타를 내세우는 이들이 새겨야 할 말이다.

가상공간에서는 다양한 소통 수단이 활용될 수 있지만 여전히 기존의 말과 글이 바탕을 이룬다. 이 공간은 디지털 공간이기 때문에 이미지, 음향, 영상 등이 다양하게 활용될 수 있다. 그러나 이 모든 것들은 결국 인간의 가장 기본적인 의사소통 수단인 언어와 관련을 맺고 있다. 따라서 언어를 통한 소통에서 적용되는 논리와 윤리가 여전히 유효하다. 현실 공간에서의 말매무새를 아는 이들이라면 그 말매무새를 가상공간에 그대로 적용하면 된다. 가상공간에서의 '나'가 언젠가는 현실 공간의 '나'로 알려지거나 동일시될 수 있다는 것을 안다면 역시 현실 공간에서의 말매무새와 같아야 한다.

말은 녹음하지 않으면 사라진다. 글은 인쇄되지 않으면 널리 퍼지지 않는다. 현실 공간에서의 말과 글은 이렇게 통제가 가능하다. 그러나 가상공간에서 디지털 매체에 실린 모든 말은 영원히 사라지지 않는다. 가상공간에서 내가 내뱉은 말이 현실 공간에서 문제를 일으키는 일이 종종 있다. 이런 나의 흔적을 지우기 위해 디지털 장의사까지 등장했지만 그렇다고 모든 것이 지워지는 것은 아니다. '내가 낸데!'의 태도로 하지 않은 모든 말들은 결국은 자신에게 쏜 화살이 되어 돌아올 수 있다.

이 공간에서 쓰는 것은 '나'지만 누구나 읽을 수 있다. 가상공간에서는 소통 대상의 스펙트럼이 매우 넓다. 철저히 폐쇄된 사적 공간으로 활용할 수도 있고 누구나 쓰고 누구나 읽을 수 있는 공적 공간도 있다. 그렇지만 기본적으로 가상공간은 누구에게나 공개되는 공적인 공간이다. 가상공간에서도 폐쇄적으로 나만 볼 수 있게 한다면 이는 개인적인 저장 공간에 불과하기 때문에 굳이 가상공간을 활용할 필요가 없다. 따라서 가상공간에서는 내가 쓴 글을 누구나 읽을 수 있다는 것이 기본 전제가 된다. 다만 나를 밝힐 것인가, 밝히지 않을 것인가, 혹은 가상공간을 위해 새롭게 창조된 나를 밝힐 것인가를 선택할 수 있을 뿐이다.

블로그를 비롯한 개인 SNS 공간은 '내가 낸데'라 말하는 공간이니 현실 공간의 '내' 말매무새가 그대로 반영할 수 있다. 현실에서의 말씨와 말투를 그대로 반영해 쓰고 싶은 말을 마음대로 쓸 수 있다. 그러나 누구나 이 공간에 접근해서 개인의 삶과 말을 보고 읽을 수 있다면 상황은 달라진다. 본인은 사적인 공간으로 생각할지라도 이미 공적인 공간이 되었기 때문이다. 나의 공간이지만 머릿속에 있는 생각이 정제되지 않은 말씨와 말투로 배설되어서는 안 된다는 것을 의미한다. 쓰는 것은 누군가 읽을 것을 전제로 한다. 특히 가상공간에서의 글은 누구나 읽을 수 있다는 점에서 충분한 자기검열이 필요하다.

포털, 언론사를 비롯한 각종 홈페이지 등의 공적인 공간에서는 굳이 '내가 낸데'를 드러낼 필요가 없을 수도 있고 가상의 나를 내세울 수도 있다. 이런 공간에서 '나'의 정체성은 운영 원칙이나 개인의 선택을 따르지만 내가 쓰면 누구나 읽는다는 대원칙은 철저하게 지켜진다. 나를 드러내는 범위에 따라 자신의 말매무새는 임의로 결정할 수 있지만 모든 이가 읽는다는 사실은 더 분명하다. 따라서 개인적인 공간이든 공적인 공간이든 가상공간의 말매무새를 결정할 때는 누구나 읽는다는 사실을 가장 중요하게 고려해야 한다.

● 반올림? 아니 무조건 올림!

가상공간에서는 내가 쓰고 누구나 읽을 수 있지만 문제는 이 '누구'를 특정할 수 없다는 것이다. 어떤 상황에서 누구에게 말하는가에 따라 말씨와 말투가 정해지고 최종적으로 말매무새를 가다듬을 수 있는데 이 공간에서는 내가 쓰는 상황만 있을 뿐이다. 상대가 누구인지 모르는 상황에서 호칭이나 높임을 나타내는 어미 등을 결정하기 어렵다. 이때 역시 가장 쉽게 응용할 수 있는 셈법이 있으니 '버림, 반버림, 반올림, 올림' 중에서 선택하는 것이다. 당연히 그 답은 '올림', 그것도 무조건 올림이 될 수밖에 없다. 상대를 특정할 수 없는 상황이라면 가장 높여야 하는 대상으로 설정하는 것이 모두를 만족시킬 수 있는 선택이기 때문이다.

무조건 가장 높여야 한다면 어미는 역시 '합쇼' 혹은 '습니다'를 쓰면 된다. 과거 문법 시간에는 '합쇼체'라 배웠지만 요즘에는 '습니다체'란 말도 쓴다. 높임의 등급을 다섯 단계로 나눈다면 가장 높은 것이 이것이니 무조건 올림의 어미로 적절하다. 이 어미가 딱딱하다고 느껴지면 '해요'를 쓸 수도 있다. 높임의 등급을 다섯으로 나누는 것이 지나치게 복잡한 탓에 지난 백여 년 사이에 '해'와 '해요'의 두 등급으로 나누는 것이 자리를 잡았다. '해'는 낮추는 것이요 '해요'는 높이는 것이니 무조건 낮춤과 무조건 높임의 두 등급이다. 여성들의 말에서 비롯된 어미여서 느낌도 부드러우니 여러모로 쓸모가 있다.

이와 함께 생각해 볼 수 있는 것이 문장의 끝을 '음'으로 맺는 '음슴체'이다. 문장의 끝을 명사, 혹은 명사형으로 끝내는 것은 관공서나 기업의 공문서에서 흔히 써오던 것이니 딱히 새롭지는 않지만 이것이 새로운 문체로 자리 잡게 된 데는 가상공간에서의 쓰임이 큰 역할을 했다. 사실 '하다'의 명사형은 '함'이고 '했다'의 명사형은 '했슴'이 아닌 '했음'이므로 '음슴체'가 아닌 'ㅁ음체'라 해야 맞다. 그러나 엄격하거나 게으르기만 한 국어 선생들은 이 어미에 대해 비판과 무관심으로 일관하는 사이에 말의 주인들이 '음슴체'라 이름을 지어 이미 굳어져 버렸다. 그리고 엄연한 문체의 하나로 자리 잡았으니 딱히 비판할 일만도 아니다.

'음슴체'는 기존의 높임 어미에 대한 반항 혹은 회피의 결과로 보인다. 상대가 누구인지 모르는데 5단계, 혹은 2단계의 굳이 높임과 낮춤 어미를 써야 하는가에 대한 의문이 들 수 있다. 그렇다면 어미를 쓰지 않는 방법은 없을까 하는 고민 끝에 찾은 해법이 명사형 종결법이었다. 상대에 대한 높임과 낮춤은 문장을 끝내는 어미에서 드러나는데 '하다, 했다, 하시다, 하시겠다' 등을 '함, 했음, 하심, 하시겠음'과 같이 종결어미만 쏙 빼고 나머지는 살리면서 상대에 대한 높임과 낮춤을 드러내지 않는 것이다.

"어제 축구 봤음?"

"봤음."

"잼 있었음?"

"우리 팀이 져서 잼 없었음. 더 얘기하기 없기."

가상공간에서 터전을 잡은 '음슴체' 중 일부는 현실 공간에서도 조금씩 쓰이고 있다. '음슴체'는 종결어미가 없기 때문에 이것이 쓰인 문장은 표면적으로는 단순한 서술을 나타내는 것인지 의문을 나타내는 것인지 알 수 없다. 그러나 억양이 가미되면 질문과 대답이 짝을 이루며 대화가 이루어질 수 있다. 나아가 명사형 'ㅁ/음'과 유사한 '기'도 현실에서 조금씩 쓰임이 늘고 있다. 이렇듯 상대를 특정하기 어려운 가상공간에서 높임법의 굴레를 빗어나기 위한 시도가 현실에서도 가능함이 증명되고 있다. 특히 기존의 언어 관습을 탈피하고 싶은 세대나 부류에서 사용이 늘고 있다.

그런데 높임과 낮춤을 드러내지 않는 것이지만 읽는 이들은 높이지 않았다고 받아들일 수 있다는 것이 문제이다. '음슴체'는 어법에 어긋난 것도 아니고 이전에 없었던 용법도 아니니 어법이나 규범의 잣대로 이 문체를 비판하기는 어렵다. 그러나 말은 하고 쓰라고만 있는 것이 아니라 듣고 읽으라고 있는 것, 그러니 듣고 읽는 이의 반응을 고려하지 않을 수 없다. 이들이 자신을 높이지 않는다고 여긴다면, 그래서 불쾌하게 생각한다면 이 문체는 권할 만한 것이 못 된다. 높임과 낮춤의 회피가 무조건 올림만 못하다면 굳이 선택해야 할 이유는 없다.

● 님의 재발견

내가 그의 이름을 불러 주었을 때
그는 나에게로 와서
꽃이 되었다.

— 김춘수, 〈꽃〉

수없이 인용되는 김춘수의 이 시처럼 호칭이 만만하면 얼마나 좋을까? 사람 사이에 관계가 맺어지면 우리들은 모두 무엇이 된다. 그런데 그 '무엇'을 무엇이라 불러야 하는가의 결정은 쉽지 않다. 저마다 이름이 있지만 그 이름은 사람마다 부여된 기호일 뿐 관계를 드러내는 것은 아니다. 상대의 이름을 부르는 것을 꺼리는 문화가 오랫동안 자리를 잡아 왔으니 상대의 이름을 불러 나의 꽃으로 만드는 것은 결코 쉽지 않다. 게다가 우리

말에서는 2인칭 대명사가 사용될 수 있는 폭이 무척이나 좁다. 만만하고 편한 상대에게는 '너, 너희'를 쓸 수 있지만 높여야 하는 상대에게 쓸 만한 2인칭 대명사가 마땅치 않다. 부부끼리는 '당신'을 쓸 수 있지만 모르는 사람을 당신이라고 불렀다가는 시비가 붙기 일쑤다.

애매한 2인칭 대명사를 대신할 수 있는 것이 상대의 직업, 직위 등이다. 남을 가르치는 일을 하는 이는 '선생님'이라 부르면 되고 꼭 교사 직업을 가지고 있지 않더라도 선생님은 상대를 부르는 말로 널리 쓰인다. 대기업의 대표이사는 아니지만 자영업을 하는 사람은 무조건 '사장님'이라 부르면 되고 상대가 그런 일을 하지 않더라도 상대의 성별에 따라 '사장님'과 '사모님'이라 부르기도 한다. 가족 간의 호칭 또한 많이 쓰인다. 혈연관계는 아니지만 '형, 오빠, 누나, 언니, 아저씨, 아줌마, 삼촌, 이모, 아버님, 어머님' 등이 집 밖으로도 나와 2인칭 대명사의 자리를 메꾸고 있다.

그런데 상대가 누구인지 모르는 가상공간에서는 이마저도 불가능하다. 현실 공간에서 쓰기 꺼려지는 '너'와 '당신'은 가상공간에서도 마찬가지다. 그렇다고 상대의 성별, 나이, 직업 등에 대한 정보가 전혀 없으니 현실 공간에서 쓰이는 대용어도 쓰기 어렵다. 그래도 대화가 이루어지려면 서로를 불러 주어야 한다. 그리고 이왕이면 부르는 이도 편하고 듣는 이도 기분이 좋아 서로에게 꽃이 될 수 있는 호칭이 좋다. 그래서 등장한 것이 '님'이다. 상대의 이름이 '명효'이면 '명효님'이라 부르면 되고, 상대의 별칭이 '노랑머리'이면 '노랑머리님'이라 부르면 된다.

사실 '님'은 규범과 사전의 억압 때문에 오랫동안 침묵하고 있었다. 한용운의 시 〈님의 침묵〉에서도 '님'이 독립된 명사로 쓰이고, '님이라 부르리까 당신이라고 부르리까'란 노래 가사에서도 역시 그리 쓰이고 있다. 그런데 사전과 규범에서는 '님'을 '홍길동 님'처럼 다른 말의 꾸밈을 받아야만 하는 의존명사나 '선생님'처럼 앞의 말에 붙어 높임을 나타내는 말로 접미사로만 취급해 왔다. 그러나 가상공간의 주인들은 이러한 제한에 반기를 들었다. '공자님, 하느님' 등 성인이니 신격화된 대상에만 '님'을 붙여왔지만 주변의 평범한 사람 '명효'를 '명효님'이라 높여 부르기 시작했다. '달님, 토끼님'에서처럼 사람이 아니지만 인격화한 대상을 높이기 위해 '님'이 쓰이고 있으니 사람을 대신하는 '노랑머리'를 높여 '노랑머리님'이라 부르는 것도 문제될 것이 없었다.

'님'이 침묵을 깨고 다양하게 사용되기 시작한 시점은 거슬러 올라가 보면 PC 통신의 시작 시점과 일치한다. 영화 〈접속〉 주인공 '해피엔드'와 '여인2'가 전화선을 이용한 PC 통신의 푸른 모니터 화면에서 상대를 무엇이라 불러야 했을까? 규범집에도 없고 학교에서도 가르쳐 주지 않았지만 이들은 자연스럽게

'해피엔드님'과 '여인님'이라 부르기 시작한다. 이후 인터넷이 발달하고 다양한 공간에서의 다양한 교류가 빈번하게 일어나면서 이 '님'은 큰 힘을 발휘하게 된다. '님'은 무조건 올림의 최고치이니 깐깐한 국어 선생들의 못마땅한 시선을 빼고는 불만을 표하는 이가 없었다. 내가 그를 님이라 부르면 그 또한 나에게로 와서 님이라 부르니 우리 모두가 님이 되는 현명한 방법이기도 했다.

가상공간에서 침묵을 깨기 시작한 '님'은 현실에서도 쓰이기 시작했다. 그 시작은 아마도 가상공간에서의 '온라인' 만남이 현실 공간의 '오프라인' 모임으로 이어지면서부터일 것으로 보인다. 가상공간에서 서로를 '님'이라 불렀으니 현실 공간에서도 그렇게 부르는 것이 자연스러웠다. 그리고 그렇게 현실 공간에서도 '님'을 쓰기 시작하니 본래 현실 공간에서 알던 이들도 '님'이라 부르는 것이 어색하지 않았다. 가상공간에서의 이러한 용법을 모르는 이들에게는 낯설게 느껴질 수도 있지만 '무소선 최고의 올림'이니 나쁠 것이 전혀 없어 자연스러운 용법으로 자리를 잡았다.

'님'의 재발견과 확산은 가상공간의 말매무새에 대해 시사하는 바가 크다. 가상공간의 말은 현실 공간의 말과 같고도 다르지만 가상공간의 말이 현실 공간의 말에 영향을 미쳤다는 것에 주목할 필요가 있다. 이것이 가능했던 가장 중요한 요인은

'올림'이었다. 서로가 가면과 아바타로 가릴 수 있으니 누구인지 모르지만 그렇기 때문에 상대를 높임으로써 자신도 높임을 받게 되는 것이다. 이렇듯 올림의 셈법은 간단하지만 강력하다.

때로는 '반올림'이 편하게 느껴질 수 있지만 이 또한 공적인 공간에서의 소통을 감안할 필요가 있다. 가상공간이지만 상대가 특정될 수 있고 그 상대와 개인적인 관계가 맺어지면 그 관계에 따라 말투와 말매무새가 결정될 수 있다. 그러나 그 관계는 자신과 상대와의 관계일 뿐 다른 누군가와의 관계는 아니다. 비록 개인적인 관계에서는 그 상대를 낮춰도 되지만 그 상대를 모르는 누군가로부터는 높임을 받아야 하는 상대이다. 따라서 나를 기준으로 하는 반올림이 아니라 모두를 기준으로 하는 올림이 말매무새의 기본이 된다.

● **순간이동의 전술**

'안냐세요, 드뎌, 걍, 글쿠나, 쌤.'

모두가 맞춤법에 어긋나고 어법에도 맞지 않는다. 그런데 아주 많은 사람들이 이 말의 뜻을 알고 실제로 사용하기도 한다. 그 첫 번째 이유는 현실에서 이러한 말이 실제로 쓰이고 있기 때문이다. 정확하게 쓰자면 '안녕하세요, 드디어, 그냥, 그렇구나, 선생님'이지만 현실 발음에서는 이미 이렇게 쓰이고 있었다. 현실에서는 이렇게 쓰여도 그저 소리로만 들리는 것이어서 문제 삼는 이가 없었는데 PC 통신 이후 가상공간에서 소리대로 표기하기 시작하면서부터 문제가 되었다. 그리고 두 번째 이유는 언론이나 국어 선생들이 가상공간의 언어 문제를 지적할 때마다 단골로 등장하는 사례이기 때문이다. 잘못된 사례로 하도 많이 지적되다 보니 오히려 많은 이들에게 익숙해진 것이다.

맞춤법의 기준으로 보면 이러한 표기는 잘못되었다. 그런데 현실에서는 이렇게 말을 하는 이들이 많으니 발음만으로 보면 굳이 틀렸다고 보아야 할 이유가 없는 예들이기도 하다. 문제는 가상공간 소통의 특성상 이 소리가 문자로 표기된다는 데 있다. 현재의 맞춤법 규정에 '소리대로'란 규정이 앞에 놓이지만 실제로는 '어법에 맞도록'이란 규정에 더 무게가 놓인다. 한글을 배우면서부터 치러야 하는 받아쓰기 시험도 실제로는 소리를 받아쓰는 것이 아니라 소리를 듣고 그것을 사전이나 규정에 어떻게 쓰도록 되어 있는가를 감안해서 적어야 하는 시험이다. 따라서 이런 표기는 기본도 지키지 않은 표기라며 지적의 대상이 될 수밖에 없다.

그런데 가상공간에서의 소통은 글로 이루어지지만 글을 쓴다기보다는 글로 말을 한다는 점에 주목할 필요가 있다. 음성을 주고받을 수 없는 환경이니 문자로 대신하고는 있지만, 하고자 하는 말을 문자로 적게 된다. 따라서 현실에서 줄여서 발음하는 대로 적는 것이 당연한 시도일 수 있다. 또한 글이 아닌 말이란 속성을 더 드러내기 위해 소리 나는 대로 적는 것을 시도할 수도 있다. 이렇게 주고받을수록 현실에서 말하는 것처럼 느껴지니 가상공간에서의 소통 참여자들에게는 훨씬 더 자연스러울 수 있다.

문자와 부호를 조합한 다양한 이모티콘도 이들의 소통이 글이 아닌 말이란 사실을 뒷받침한다. 문자로 쓰는 문장에는 음색, 음량, 억양 등이 표현되기 어려워 자칫 딱딱하게 느껴질 수도 있다. 따라서 누군가 문장을 명확하게 끝맺음하지 않고 '……'나 '~'를 붙인다거나 말끝마다 'ㅎㅎ'이나 'ㅋㅋ'를 붙이는 것도 글이 주는 딱딱함을 면하기 위한 수단이다. 나아가 문자와 부호를 조합한 '-_-, ^ㅇ^, ^^;;'를 쓰는 것 또한 가상공간의 문장으로는 보이지 않는 표정을 드러냄으로써 현실의 말을 닮아가고자 하는 시도이다. 요즘은 이모티콘을 넘어 다양한 이모지가 쓰이는 것도 이러한 특성을 반영한다.

가상공간에서의 줄임말과 맞춤법에 어긋난 표기 등의 문제를 지적하는 것은 시대의 흐름에 역행하거나 공간의 특성을 무시하는 것일 수 있다. 이미 가상공간은 현실 공간만큼 중요해졌고 앞으로도 더 중요해질 가능성이 높다. 또한 가상공간과 현실 공간이 결합하거나 양자 간의 구별이 모호해질 수도 있다. 이런 상황에서 과거의 기준으로 가상공간에서의 언어 문제를 지적하는 것은 시대착오적이란 비난을 면하기 어렵다. 또한 그 공간의 특성을 도외시하고 현실 공간의 잣대만 들이대는 것도 '공간착오적'이라 비난받을 소지가 있다.

그런데 이 비난의 논리를 가상공간의 말매무새 모색에 그대로 적용해 볼 수 있다. 가상공간에서의 이러한 소통이 시간과 공간의 논리로 정당화될 수 있다면 그 시간과 공간의 차원에서 더 정당화할 수 있는 방법을 찾아야 한다. 이러한 소통 방식은 가상공간에 한정해서 쓰거나 가상공간의 소통법에 익숙한 이들에게만 쓰는 것이 그 방법이다. 대개 가상공간의 말이 현실 공간에서 여과없이 그대로 쓰일 때 문제가 발생한다. 또한 가상공간에 익숙하지 않은 이들에게 그 말을 쓸 때 소통의 장애가 나타난다. 소통은 시간과 공간을 공유하는 특정 대상과 이루어지는 것을 감안한다면 이는 당연한 배려이기도 하다.

결국 문제는 순간이동이다. 가상공간에서 현실 공간으로 공간이 바뀌었다면 그에 따라 말매무새도 순간이동을 해야 한다. 가상공간의 '나'에서 현실 공간으로의 '나'로 돌아와 '나의 이 빛깔과 향기에 알맞은' 말매무새를 갖춘다면 소통의 대상이 누구이든 그에게 꽃이 될 수 있다. 말을 연구하는 이들은 말의 순간이동을 '코드전환(code switching)'이라 부른다. 두 개 이상의 언어를 사용하는 이가 상대나 대화 환경에 따라 사용 언어를 바꾸는 것을 의미한다. 이는 서로 다른 언어 사이에서만 적용되는 것이 아니라 성별, 연령, 계급 등에 따라 말투가 차이가 날 때에도 그대로 적용될 수 있다.

컴퓨터 자판을 두드릴 때 한글과 영문 자판을 잘못 설정하면 전혀 엉뚱한 문자가 찍힌다. 이 또한 순간이동의 문제와 관련이 있다. 앞의 문제는 자신이 한글을 입력하는지 영문을 입력하는지를 알고 그때그때 바로 순간이동을 하면 문제가 없다. 가상공간에서의 말매무새뿐만 아니라 말씨와 말투와 관련된 모든 환경에서 이 순간이동의 마법은 동일하게 적용될 수 있다. 어떤 상황에서 누구와 소통하느냐에 따라 말매무새는 달라져야 하고 그때마다 코드전환 단추를 눌러야 하는 것은 지극히 당연한 것이다.

더 확실한 방법은 빼기가 아닌 더하기의 셈법을 적용하는 것이다. 오래전에 인터넷 검색을 할 때는 다른 언어를 쓰는 페이지에 접속하면 글자가 모두 깨졌다. 한국어와 중국어는 쓰는 문자가 다른데 중국어로 된 페이지에 접속하면 문자를 한글로 읽어 들였기 때문이었다. 그런데 시간과 공간을 초월해 지구상의 거의 모든 문자를 포괄한 유니코드(unicode)가 활용되면서 이런 문제가 사라졌다. 세상의 모든 문자를 알고 있는 컴퓨터가 알아서 언어에 따른 문자를 읽어 내기 때문이다. 컴퓨터 시스템에 세상의 모든 문자를 더해 놓음으로써 어떤 문자든 표현할 수 있게 되었다.

이와 마찬가지로 가상공간의 말매무새 또한 더하기의 셈법을 적용할 수 있다. 가상공간의 나는 현실 공간에서도 살고 있기 때문에 두 공간의 언어를 모두 알고 있다. 가상공간은 상대적으로 젊은 세대들이 더 많이 이용하지만 이들은 현실 공간의 언어를 더 알아가야 하는 처지이다. 반면 가상공간에 익숙하지 않은 이들은 이 공간의 존재 이유와 가치에 대한 이해가 먼저 필요하다. 그리고 그 공간의 언어 또한 자신의 언어 지식에 더하는 셈법이 필요하다. 그래야 이 땅의 모든 말, 모든 주인의 말과 소통할 수 있을 테니 이 더하기의 셈법은 시간과 공간을 초월해서 모든 말매무새에 늘 유용하고 필요하다.

오늘도 수없이 많은 말이 오고 갔다. 이 말을 하고 들었는가, 아니면 뱉고 씹었는가? 밥 없이 하루를 살 수 없듯이 말 없이 하루를 보낼 수 없는데 말에 대한 표현이 밥에 대한 표현으로 치환되는 순간 그 말의 값어치는 나락으로 떨어진다. 하고 들은 것은 말이지만 뱉고 씹은 것은 말이 아니다. 따뜻한 마음과 깊은 생각을 담아 바르고 곱게 해야 할 말 대신 그저 '뚫린 입'으로 거칠게 쏟아져 나왔다면 그건 말이 아니다. 귀를 기울이고 마음을 열어 듣고 머리로 차분하게 받아들여 이해하는 대신 흘려듣거나 듣고 싶은 대로 들었다면 그 역시 말은 아니다. 말은 하고 들어야지 뱉고 씹어서는 안 된다.

나고 자라면서 몸에 밴 말씨는 지워 낼 수 없고 살아 가면서 익혀야 하는 말투는 더 잘 드러나게 해야 한다. 누구나 말씨의 씨줄과 말투의 날줄로 살아가는데 그것의 짜임, 그리고 그것으로 만든 매무새는 저마다 다르다. 몸에 밴 말씨와 살아가며 익힌 말투를 탓할 이유는 없다. 이 땅의 모든 말인 말씨와 모든 말의 주인의 말인 말투는 그 나름의 이유와 가치가 충분히 있다. 따라서 그 말씨와 말투에서 살리고 배울 것을 추리면 말을 아름답게 짜고 맵시 있게 말할 바탕이 마련된다. 이러한 바탕 위의 말은 결코 뱉는 말이 될 수 없고 씹거나 씹힐 말이 될 수 없다.

'어디서 무엇이 되어 어떻게 말할까?'라는 질문을 부여잡고 '말씨, 말투, 말짜임, 말매무새'의 네 부분으로 나누어 짧지만 다소 복잡할 수 있는 길을 밟아 보았다. 1부 '말씨' 편에는 '이 땅의 모든 말'을 들여다보면서 말짜임의 재료와 말매무새의 바탕이 될 수 있는 것을 찾아보고자 하였다. 애초의 계획은 이 땅의 모든 말을 속속들이 소개한 후 두루 알리고 싶은 것을 뽑아 내는 것이었다. 그러나 각 지역의 방언에 대한 소개가 조금 전문적인 내용으로 지루하게 전개될 수 있어 모두 덜어 내고 꼭 필요한 것만 남겼다. 그리하여 표준어와 사투리에 대한 편견을 덜어 내고 각 지역의 말에서 살려 쓰면 좋겠다 싶을 호칭, 화법, 어휘와 표현만 제시하였다.

2부 '말투' 편에서는 '말의 주인들의 말'을 살펴보면서 말짜임의 재료와 말매무새의 바탕이 될 수 있는 것을 찾아보고자 하였다. 연령과 세대에 따라서 말투가 다른 것은 당연한데 이러한 차이를 자연스러운 것으로 이해하며 각각의 말투에서 배울 것이 무엇인지 알아 보았다. 남성과 여성의 말투가 다른데 그 다름을 구별하는 것이 차별로 이어지는 문제를 다루며 각각의 말투에서 인정하고 받아서 쓸 수 있는 것에 대해 생각해 보았다. 직업과 계층에 따라서는 말이 달라야 하는데 이에 대한 편견을 걷어 내고 서로를 이해할 수 있는 방법에 대해 알아보았다.

3부 '말짜임'에서는 우리 모두가 아는 말, 그리고 말씨와 말투에서 배운 것들을 어떻게 엮을 것인가에 대해 다루었다. 누군가를 부르고 가리키는 말은 모두에게 어렵고 높임법이 발달한 우리말의 특성 때문에 시비가 일기 십상인데 그 방식을 조화롭게 짜는 방도를 알아보았다. 말하는 사람과 듣는 사람의 관계, 그리고 말을 주고받는 상황을 살펴 서로의 태도를 어떻게 갖추어야 하는가, 그리고 하고자 하는 말을 어떻게 잘 들리고 잘 받아들여지는 이야기로 짤 것인가에 대해 살펴보았다.

4부 '말매무새'에서는 말이 오가는 여러 상황으로 나누어 어떻게 말해야 할 것인가에 대해 서술해 보았다. 우리 삶의 시작부터 끝까지 함께 하며 가장 많은 말을 주고받는 사이인 가족과 친척, 그리고 친구 사이에서는 어떻게 말을 해야 할까에 대해 같이 생각해 보았다. 나아가 먹고살기 위해 일터에서 만나는 이들 사이의 말도 알아보았다. 마지막으로 우리가 맞닥뜨리는 수없이 많은 상황 중 말 때문에 눈살이 찌푸려지기 일쑤인 정치와 가상공간에서의 말을 살펴보고 말이 글로 표현되는 문서에 대해서도 함께 살펴보았다.

"이 땅의 모든 말은 아름답다." 방언에 대한 조사와 연구가 진행될수록 가지게 된 생각을 '말씨'에 대한 서술에 투영하기 위해 애썼다. "말의 주인의 모든 말은 소중하다." 저마다 달리 살아가는 삶과 그에 따른 말의 차이를 이해하게 되면서 품게 된 생각을 '말투'에 대한 서술에서도 그대로 유지하기 위해 노력했다. "시도 때도 맞는 말은 정답다." 세상에 없었던 '말짜임'과 '말매무새'란 말을 만들어 내고 이에 대해 쓰면서 시종일관 유지하려고 애쓴 태도이기도 하다. "어디서 무엇이 되어 어떻게 말할까?"의 답인 말매무새는 결국 이 땅의 모든 말, 말의 주인의 모든 말을 시와 때에 맞게 잘 짜는 데 있다.

이 책은 '바른 말, 고운 말'에 대한 모든 것을 알려주기에는 턱없이 부족하다. 애초의 목표가 이것이 아니었기 때문이기도 하지만 일상에서 맞닥뜨리게 되는 모든 상황에 맞는 바른 말과 고운 말을 제시하는 것은 불가능하기 때문이기도 하다. 결국 이 답은 저마다 수어지는 무수한 상황에서 밀의 씨줄과 날줄을 잘 짜서 말매무새를 갖추기 위해 노력하는 데서 찾을 수밖에 없다. 이 답은 권력을 가진 이나 말을 조금 더 안다고 우기는 국어 선생이 제시할 수 있는 것은 아니다. 말의 주인이 하는 이 땅의 모든 말에 답이 있다. 날마다 먹고 마시며 숨 쉬는 삶에서 뱉고 씹지 않고, 하고 듣는 말에 있다.

말씨, 말투, 말매무새

2024년 6월 30일 초판 1쇄 발행

지은이　한성우
펴낸이　류지호
기획　강명효
책임편집　김희중
편집　이기선, 김희중
디자인　쿠담디자인
펴낸 곳　원더박스 (03169) 서울시 종로구 사직로10길 17, 301호
　　　　대표전화 02-720-1202 팩시밀리 0303-3448-1202
　　　　출판등록 제2022-000212호(2012. 6. 27.)

ISBN 979-11-92953-35-9 (03700)

* 이 저서는 2022년 대한민국 교육부와 한국연구재단의 지원을 받아 수행된 연구임
　(NRF-2022S1A5C2A02092184)
* 이 저서는 인하대학교 일반교수연구비 지원을 받아 수행된 연구임(70323-1)